Edson Mota
Paulo Caetano da Silva

Gestão de *Stakeholders*

Uma abordagem teórico-prática utilizando a Tecnologia da Informação como suporte na Gestão de *Stakeholders*

EDITORA CIÊNCIA MODERNA

Gestão de Stakeholders – Uma Abordagem Teórico-Prática Utilizando a Tecnologia da Informação como Suporte na Gestão de Stakeholders

Editor: Paulo André P. Marques
Produção Editorial: Dilene Sandes Pessanha
Capa: Daniel Jara
Diagramação: Daniel Jara
Copidesque: Equipe Ciência Moderna

FICHA CATALOGRÁFICA

SILVA, Paulo Caetano da; CRUZ, Edson Mota da.

Gestão de Stakeholders – Uma Abordagem Teórico-Prática Utilizando a Tecnologia da Informação como Suporte na Gestão de Stakeholders

Rio de Janeiro: Editora Ciência Moderna Ltda., 2019.

1. Gerenciamento de Projetos
I — Título

ISBN: 978-85-399-1027-4 CDD 658.404

Editora Ciência Moderna Ltda.
R. Alice Figueiredo, 46 – Riachuelo
Rio de Janeiro, RJ – Brasil CEP: 20.950-150
Tel: (21) 2201-6662/ Fax: (21) 2201-6896
E-MAIL: LCM@LCM.COM.BR
WWW.LCM.COM.BR

01/19

Prefácio

Diversas teorias têm sido modeladas com o objetivo de contribuir para a melhoria das relações entre as empresas, seus projetos e seus *stakeholders*. Entretanto, observa-se que grande parte das abordagens propostas mantém um enfoque predominantemente teórico, de forma que pouca atenção tem sido dispensada na composição de métodos que enfatizem uma abordagem prática voltada para sua aplicação no mundo real, uma necessidade que cresce na medida em que temas como responsabilidade social corporativa e desenvolvimento sustentável ganham força no cenário global.

Este livro reúne um conjunto coerente de metodologias e ferramentas com a finalidade de propor uma estrutura sistemática com foco no gerenciamento de *stakeholders*. Espera-se que este arcabouço teórico contribua para a condução dos processos de gestão de *stakeholders* durante todo o ciclo de vida de um projeto, permitindo que gestores e gerentes de projeto realizem não só o mapeamento dos stakeholders, conhecendo os principais envolvidos em um projeto, mas, sobretudo, o seu monitoramento, garantindo um alinhamento de longo prazo por meio da melhoria contínua dos processos de gestão.

Outro aspecto motivador para este trabalho consiste no potencial da tecnologia da informação em alavancar os métodos de suporte à decisão no cenário da gestão de *stakeholders*. Embora nossa pesquisa tenha revelado que o emprego de tecnologias na gestão de *stakeholders* ainda é pouco explorado, observamos uma crescente necessidade de análise de dados no tocante a este campo de estudo. Uma estrutura computacional adequada permitirá que os gestores e gerentes de projeto ampliem sua capacidade de análise e estudos sociais, envolvendo contextos de projeto cada vez maiores. O aumento da amostra analisada poderá promover maior assertividade na tomada de decisão, permitindo a elaboração de planos de ação mais efetivos, na medida em que se conheçam mais detalhadamente os desejos e necessidades dos envolvidos direta ou indiretamente nos projetos.

Nossa proposta, o Ambiente de Visualização e Análises Sociais - AVAS tem como função cobrir duas lacunas encontradas na literatura. A primeira refere-

-se à falta de um modelo sistemático para gestão de *stakeholders*. Neste contexto, procuramos reunir, de forma sinérgica, um conjunto de metodologias obtidas e analisadas com base em uma revisão da literatura, compondo assim um arcabouço teórico que deverá contribuir para o desenvolvimento do processo de gestão e gerenciamento dos *stakeholders*. A segunda lacuna, refere-se a falta de iniciativas voltadas para aplicação prática dos métodos e teorias da gestão de *stakeholders*. Neste âmbito, propomos a confecção de uma estrutura computacional capaz de contribuir não só com o gerenciamento dos processos de gestão, mas, principalmente, ampliando a capacidade dos gestores na tomada de decisão no tocante à gestão de *stakeholders*.

Esperamos que este livro contribua para a construção de métodos aplicáveis no cenário real, permitindo que gestores e gerentes de projeto tenham acesso a uma estrutura processual planejada que integra diversas teorias e as disponibiliza por meio de uma arquitetura computacional capaz de fomentar os processos de gestão.

O livro está dividido em três partes. Na Parte I, oferecemos ao leitor uma contextualização geral acerca do campo do gerenciamento de projetos e a sua relação intrínseca com a própria gestão de *stakeholders*. Na parte II, é feita uma ampla revisão da literatura como forma de apresentar ao leitor o estado atual das pesquisas sobre a gestão *stakeholders*, ilustrando desafios, lacunas e avanços deste campo de estudo. E, por fim, apresentamos na Parte III uma proposta para sistematização dos processos de gestão de *stakeholders* por meio do que definimos por Ambiente AVAS. Esperamos que aproveite a leitura e que esta ofereça os insights para a construção de modelos e métodos de gerenciamento cada vez mais direcionados à integração de empresas, projetos e pessoas.

Edson Mota, Paulo Caetano

Sobre o Livro

A gestão de *stakeholders* é uma preocupação recorrente em diversos campos de atividade. Áreas como a gestão ambiental, desenvolvimento sustentável, gestão empresarial ou de projetos são alguns dos campos nos quais o bom gerenciamento do relacionamento entre os envolvidos pode representar a diferença entre o sucesso e o fracasso na consecução dos objetivos planejados. Ao longo dos últimos anos, esta realidade tem sido plotada no radar e diversas organizações, pouco a pouco, se preparam para uma nova era de gerenciamento colaborativo, na qual empresas, pessoas e projetos nunca tiveram tanta influência entre si.

Com vista na realidade que se forma bem diante dos nossos olhos, este livro procura oferecer ao leitor algumas pistas sobre o gerenciamento de *stakeholders* com foco na melhoria contínua das suas relações, abordando entre outros aspectos qual o papel da tecnologia da informação e como ela pode contribuir para alcançar os melhores resultados neste segmento.

Este livro é o resultado de uma ampla revisão bibliográfica, na qual analisamos metodologias, processos e técnicas de gerenciamento propostas por diferentes autores ao longo dos últimos anos, para formar o que chamamos de **Ambiente de Visualização de Análises Sociais** ou, simplesmente, **AVAS**. Trata-se de uma abordagem teórico-prática que reúne um conjunto de metodologias analisadas, com base nesta revisão da literatura, com aspectos tecnológicos, como forma de sistematizar os processos de gestão de *stakeholders*.

Este livro não tem a pretensão de esgotar a temática da gestão de *stakeholders*. Durante a pesquisa que deu origem a este trabalho, observamos que este é um campo de pesquisa bastante ativo e que, certamente, novas propostas devem estar sendo delineadas no exato momento em que escrevemos estas palavras.

A análise histórica revelou, entretanto, a existência de propostas consistentes e compatíveis com o cenário de mudança que testemunhamos nos dias de hoje. Tais abordagens vão desde gerenciamento do contexto no qual se dá a gestão dos *stakeholders* até o nível de gerenciamento mais personalizado, envolvendo ações e intervenções baseadas no panorama dos *stakeholders* de um dado projeto.

Por outro lado, observamos, também, uma clara difusão destas diferentes abordagens, muito disso, em virtude da falta de um modelo sistemático, capaz de reunir estas diferentes propostas em um arcabouço metodológico com foco na melhor gestão dos *stakeholders*. Exatamente neste ponto residem as contribuições propostas neste livro.

O Ambiente de Visualização e Análises Sociais – AVAS, combina metodologias, processos e técnicas em um único modelo de gerenciamento que é fortemente suportado pela tecnologia da informação. Os avanços tecnológicos e a internet têm modificado a forma como as pessoas se relacionam, cuja realidade precisa ser considerada quando pensamos no futuro da gestão de *stakeholders*. Esperamos que este livro cumpra seu papel, oferecendo contribuições que possam ajudar o leitor no trato com seus *stakeholders* e que pouco a pouco eles sejam incluídos no cerne das decisões em seus futuros projetos.

Nossa jornada começa com uma análise do gerenciamento de projetos, abordando seus aspectos básicos a partir de uma fundamentação teórica envolvendo as temáticas que orbitam a gestão de *stakeholders*. O livro está dividido em três partes nas quais a primeira aborda o gerenciamento de projetos na perspectiva da gestão de *stakeholders*, a segunda oferece um panorama da gestão de *stakeholders* com ênfase no gerenciamento de projetos e a terceira parte apresenta o Ambiente de Visualização e Análises Sociais - AVAS. Os capítulos foram organizados de forma progressiva avançando passo a passo em direção a construção do arcabouço ao qual denominamos de AVAS. A seguir, traçamos um perfil de cada um dos capítulos, elencando seus conteúdos principais.

No capítulo 1, abordamos os conceitos fundamentais do gerenciamento de projetos, apresentando sua estrutura e características na medida em que tangenciamos as questões relacionadas à gestão de *stakeholders* em um panorama mais amplo.

No capítulo 2, iniciamos as discussões acerca da gestão de *stakeholders*, passando por questões como: a importância da manutenção das relações, em que analisamos o papel social das organizações e como suas operações impactam e são impactadas pela presença dos stakeholders, até questões relacionadas ao alinhamento e engajamento destes *stakeholders*, no qual discutimos os riscos do não gerenciamento e o papel das redes de relações.

Em seguida, no capítulo 3, procuramos traçar uma ponte entre a gestão de *stakeholders* e o gerenciamento de projeto, analisando a sinergia entre estas áreas e como esta complementaridade forneceu a propulsão necessária para avanços mais consistentes na gestão de *stakeholders*. Adicionalmente, a partir deste capítulo, começamos a ter uma ideia do amplo conjunto de teorias, ferramentas e técnicas disponíveis na literatura.

No capítulo 4, analisamos a relação da gestão de *stakeholders* frente às questões sociais, abordando temáticas relacionadas ao desenvolvimento sustentável que corroboram integralmente com o ideal de melhor gestão de *stakeholders*.

Então, no capítulo 5, iniciamos nossa jornada pela literatura da gestão de *stakeholders*, na qual abordamos as principais ferramentas, modelos, métodos e técnicas disponíveis na literatura, apresentando os autores, suas motivações e contraposições que nos oferecem insights (i.e. intuições) sobre a aplicação da gestão de *stakeholders* em diferentes cenários. Muitas das abordagens descritas neste capítulo terminaram por formar a base da proposta metodológica descrita nesse livro.

No capítulo 6, abordamos o conceito de metáforas visuais e consideramos, entre outros aspectos, os métodos de visualização e como podemos aplicá-los ao contexto da gestão de *stakeholders*. As metáforas visuais são importantes na medida em que nos permitem elaborar técnicas para analisar dados como: relações entre *stakeholders*, preferências, grau de engajamento, entre outros. Ainda sobre as relações entre os *stakeholders*, no capítulo 7, apresentamos o conceito de análise de redes sociais. Diversas técnicas são abordadas, de forma a contribuir na elaboração de um panorama, a partir de como essas relações são estruturadas.

No capítulo 8, ponderamos o papel da gestão de *stakeholders* no desenvolvimento de sistemas, abordando, mais especificamente, áreas como a engenharia de software e a elicitação de requisitos. Os trabalhos discutidos neste capítulo aliados à abordagem proposta neste livro, oferecem uma pista sobre como lidar com os seus *stakeholders* durante projetos de desenvolvimento de software.

A partir do capítulo 9, iniciamos nossa jornada pelo Ambiente de Visualização e Análises Sociais (AVAS). Abordamos, em linhas gerais, a plataforma AVAS analisando sua composição e como diferentes teorias, métodos e técnicas podem trabalhar integradas para a construção de um modelo sistemático de gerenciamento de *stakeholders*.

No capítulo 10, detalhamos a metodologia AVAS, apresentamos os aspectos essenciais da abordagem, inserindo o conceito fundamental da proposta metodológica, a qual denominamos por Ciclo de Melhoria da Gestão de *Stakeholders*. Analisamos as dimensões das relações entre *stakeholders* e como elas se integram para compor uma solução sistemática de gestão.

No capítulo 11, exibimos uma proposta arquitetural para o AVAS e com isso damos os primeiros passos na direção de uma sistematização que se utiliza da tecnologia da informação como um aspecto fundamental para o alcance da melhor gestão de *stakeholders*.

E, por fim, no capítulo 12, apresentamos o Software AVAS, um sistema desenvolvido como forma de materializar a metodologia AVAS proposta a partir do Ciclo de Melhoria da Gestão de *Stakeholders*. O objetivo deste capitulo é oferecer subsídios que possam auxiliar o leitor no desenvolvimento de seus próprios mecanismos de controle e gestão de *stakeholders*.

Esperamos que esta proposta metodológica seja de grande utilidade, não só como um corpo de conhecimento sobre metodologias, processo e técnicas, mas, principalmente, sob um ponto de vista prático, no qual a aplicação destas ferramentas favoreça a gestão de *stakeholder* na medida em que solidifica as relações e o consequente sucesso dos projetos.

Sumário

Parte I
O gerenciamento de projetos na perspectiva da Gestão de Stakeholders

Parte I

O gerenciamento de projetos na perspectiva da Gestão de Stakeholders

Nesta primeira parte veremos:

- Alguns fundamentos do gerenciamento de projetos.
- Conceitos fundamentais da gestão de *stakeholders.*
- A integração entre essas duas áreas.
- A relação da Gestão de *Stakeholders* com o desenvolvimento sustentável.

Capítulo 1

Projeto: Algumas Definições e Fundamentações

Chama-se de projeto, o esforço de uma pessoa ou equipe que é temporariamente empreendido com o objetivo de criar algo essencialmente novo. Em geral, um projeto surge a partir de uma necessidade específica que poderá ser sanada através da criação de um novo produto, serviço ou resultado. Proposta pelo *Project Management Institute*[1] (PMI), esta definição é parte integrante de um amplo corpo de conhecimento em gerenciamento de projetos denominado *Project Management Body of Knowledge* (PMBOK)[2]. Com presença global, as abordagens de gerenciamento de projetos propostas pelo PMI estão presentes em muitos países com mais de 700.000 membros associados, inclusive no Brasil.

Outras definições podem ser encontradas na literatura, entretanto, em geral, há um consenso acerca das suas características fundamentais, a norma ISO 10006 (Diretrizes para Qualidade de Gerenciamento de Projetos)[3], por exemplo, define projeto como um processo único, consistindo de um grupo de atividades coordenadas e controladas com data para início e término previamente definidos. Observem que esta definição mantém as mesmas características fundamentais daquela do PMI.

Assim, diferentemente dos processos contínuos que são executados no dia a dia das organizações, os projetos são marcados por quatro fatores principais: (1) pela sua natureza temporária, (2) por possuírem restrições de recursos, (3) por terem como produto final algo novo, ou seja, produto ou serviço único, (4) e pela elaboração e acompanhamento do seu curso de ação com o objetivo de maximizar as chances de sucesso na construção de um determinado objetivo. Sua natureza temporária denota, portanto, que todo projeto deve seguir uma trajetória natural, com início e final bem definidos. O acompanhamento e controle desta trajetória, chamamos de gerenciamento do projeto.

São Temporários?

Sim, como afirmado anteriormente, os projetos são empreitadas temporárias e como tais podem ser de curta, média ou longa duração. Basicamente, o prazo para a sua conclusão irá variar em função de uma série de fatores que vão desde os objetivos definidos, às equipes envolvidas, seus recursos, passando pelos desafios, restrições, fatores ambientais ou decisões organizacionais, entre outros.

Chega-se ao final de um projeto quando os objetivos foram alcançados, o tempo ou recurso se esgotaram ou quando não há possibilidade de dar continuidade ao mesmo. Observem que em todos os casos o caráter temporário dos projetos está presente.

Este conceito é essencial para entendermos sutis diferenças entre um projeto e um processo. Fundamentalmente, um projeto acaba quando os seus objetivos são alcançados, já os processos são atividades contínuas, que em geral, tem por objetivo sustentar ou manter uma atividade em franco funcionamento, independentemente da duração.

Da mesma forma, a natureza temporária dos projetos não é refletida nos seus resultados. Seja a construção de um prédio ou no desenvolvimento de um novo software, o resultado de um projeto é essencialmente algo duradouro, cujo impacto pode significar mudanças perenes e fundamentais no ambiente em que se insere.

São Exclusivos?

Ainda que as atividades de um projeto tenham sido realizadas muitas vezes em diversos projetos anteriores, seu resultado será sempre inédito.

Tomemos como exemplo a implantação de um novo sistema financeiro informatizado nas empresas [A], [B] e [C]. Embora se trate de um produto com um fim bastante específico, um projeto de implantação nunca será igual a outro. As partes interessadas da *Empresa A* poderão requerer funcionalidades que não serão requeridas pela *Empresa B*. Do mesmo modo, a operação da

Empresa C poderá requerer a implantação de módulos adicionais que não são necessários nos casos anteriores e assim sucessivamente.

Tais cenários associados a fatores ambientais, equipes, locais, riscos, entre outros, acabam por gerar incertezas quanto aos resultados que precisam ser alcançados. Este nível de incerteza diante de um dado cenário é que faz com que cada projeto seja uma nova jornada.

São Desenvolvidos Progressivamente?

Outra particularidade sobre os projetos é que eles são desenvolvidos progressivamente. Conforme os prazos avançam em direção a sua data estimada de conclusão, os requisitos coletados no início do projeto são pouco a pouco materializados na forma de objetivos concluídos, assim, cada objetivo alcançado representa um passo em direção ao sucesso de sua entrega final.

O sucesso das entregas parciais e, consequentemente, do produto ou serviço final derivado do projeto, dependerá entre outras coisas do acompanhamento e controle das atividades necessárias ao cumprimento dos seus objetivos.

Tende-se a acreditar que o acompanhamento sistemático das atividades deverá invariavelmente maximizar as chances de sucesso do projeto, permitindo a identificação prévia de riscos, tomada de decisão e eventuais correções de curso. Por este motivo, a execução de um projeto é em geral delimitada por fases.

As fases consistem em subdivisões intermediárias que representam, entre outros aspectos, o estado atual e o progresso de um dado projeto. Conforme a execução de um projeto avança, as fases são sistematicamente alcançadas denotando a conclusão de um ou mais objetivos. A condução e transição do projeto entre as suas diferentes fases é essencialmente o que chamamos de gestão de projetos.

Gestão de Projetos

Gestão ou gerenciamento de projetos consiste na aplicação de abordagens, técnicas e ferramentas com o fim de maximizar as chances de sucesso de um projeto. As atividades de gerenciamento abrangem, em geral, aspectos como controle de custos, análise de riscos, definição de prazos, análises de desempenho, entre outros aspectos, e sua finalidade é exclusivamente garantir um franco alinhamento entre os requisitos do projeto e suas entregas.

Podemos entender o gerenciamento de projetos como uma *trilha*, um caminho percorrido com sucesso por outros exploradores que pode oferecer algumas dicas sobre como superar os desafios e obstáculos à frente. Mas, é preciso cuidado, observe que foi dito "**trilha**" e não "**trilho**". A natureza singular de cada projeto faz com que seu gerenciamento também seja único, assim, não é um mapa da mina, as técnicas e ferramentas utilizadas no decorrer do projeto deverão variar em função do contexto em que se inserem.

Diante desta análise, um [Projeto A] pode requerer esforços adicionais no gerenciamento do escopo, enquanto para um [Projeto B], os esforços na comunicação com os envolvidos pode ser o fator preponderante. Projetos com alto impacto social ou ambiental, em geral, requerem esforços elevados no gerenciamento dos aspectos ligados a comunicação com os envolvidos. Eventuais falhas de comunicação em projetos desta natureza poderão impactar negativamente na consecução dos objetivos, comprometendo inclusive a sua entrega final.

Projetos são frequentemente limitados por recursos, isso significa que empreender os esforços de gestão na direção correta poderá representar, em alguns casos, a diferença entre o sucesso e o fracasso de um projeto. Tudo dependerá de uma análise coerente acerca dos aspectos chave do gerenciamento nos diferentes cenários.

Por que Planejar antes de Executar?

Podemos dizer que o processo de gerenciamento de projetos está delimitado por duas grandes fases, planejamento e a execução. Na fase de planejamento, são definidos os meandros do projeto, procura-se nesta etapa delinear os requisitos em relação às expectativas dos envolvidos, além de estruturar o método pelo qual o projeto será gerenciado.

A definição dos objetivos do projeto é uma etapa importante no processo de planejamento, uma vez que, objetivos gerais serão desdobrados em objetivos mais específicos, que por sua vez, darão origem às atividades e tarefas que deverão compor o escopo ou conjunto de atividades de um projeto, a Figura 1 ilustra esta relação.

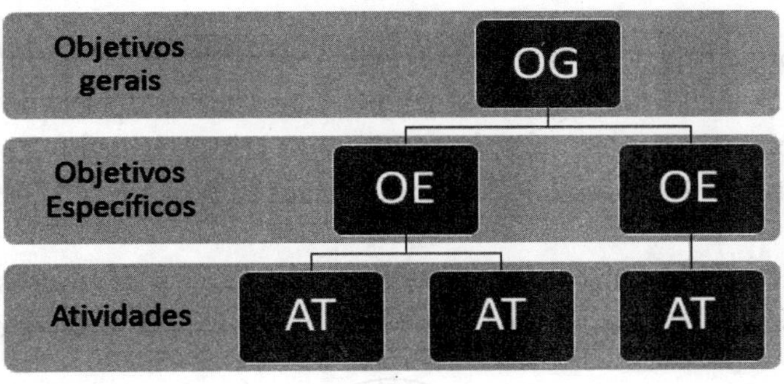

Figura 1: Desdobramento dos Objetivos

Vale lembrar que equilibrar as necessidades e objetivos conflitantes entre as partes interessadas de um projeto pode representar um desafio adicional. Frequentemente, as partes interessadas terão requisitos diferentes e muitas vezes divergentes, compatibilizar estas necessidades pode não ser trivial, mas será essencial para o bom andamento do projeto.

Já o processo de execução consiste, em linhas gerais, no acompanhamento e controle do andamento do projeto. A execução tem por função manter o curso de ação alinhado com os planos elaborados durante as fases de planejamento. Segundo o guia de conhecimento em gerenciamento de projetos PMBOK[4], os processos de gerenciamento podem ser distribuídos entre:

1. Iniciação
2. Planejamento
3. Execução
4. Monitoramento e controle

Observem que embora não possua uma divisão explícita, os processos propostos também podem ser distribuídos entre Planejamento e Execução, sendo os processos de *iniciação* e *planejamento* etapas pertinentes às atividades de preparação do projeto, enquanto os demais processos referem-se à execução deste mesmo plano.

Lidando com Restrições

Um dos principais desafios do gerente de projeto é certamente lidar com as restrições. A atividade de gerenciamento é, sobretudo, a capacidade de equilibrar fatores concorrentes, a fim de garantir uma relação benéfica e produtiva a todos os envolvidos. Isso pode incluir atividades como:

- Identificar e modelar os requisitos de um projeto e suas relações de forma que estes possam ser interpretados e discutidos entre as equipes de projeto.

- Administrar as necessidades e expectativas das partes interessadas e atuar na negociação de requisitos conflitantes com o objetivo de abarcar o máximo de solicitações.

- Balancear as restrições, essencialmente as que impactam no núcleo central de gerenciamento de projetos, sendo elas: escopo, prazo, custo e qualidade.

O equilíbrio das restrições depende invariavelmente da sinergia entre estas áreas. Na medida em que o escopo é modificado, esta alteração poderá refletir no custo. Da mesma forma, alterações no prazo podem impactar no custo ou até mesmo inviabilizar o escopo. A Figura 2 ilustra esta relação.

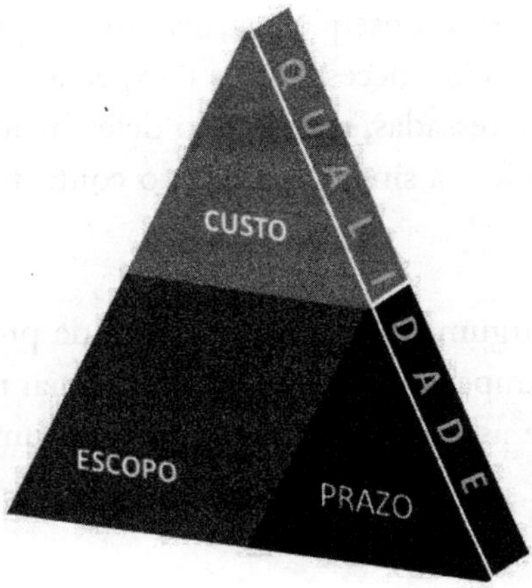

Figura 2: Modelo de tripla restrição

Diante disso, o desafio consiste em equilibrar as restrições, de forma que o projeto seja entregue no prazo, dentro do custo estimado, em tempo e qualidade adequados e em pleno atendimento as especificações definidas no planejamento.

Comunicação: A Essência do Gerenciamento de Projetos

Gerenciar projetos é, sobretudo, gerenciar interesses individuais que devem ser compatibilizados para gerar um produto que atenda às expectativas dos principais envolvidos. Muitos projetos são abortados ou não alcançam seus objetivos em razão de uma ineficiente gestão desses interesses. Esta realidade denota a crescente relevância da comunicação no cenário do gerenciamento de projetos e a necessidade de adaptações no trato das questões sociais neste campo. A identificação de abordagens sistemáticas de gerenciamento pode, por exemplo, contribuir na elaboração de um entendimento mais claro do contexto social, na medida em que fomenta a inclusão dos envolvidos no cerne das decisões no gerenciamento dos projetos.

Observamos ao longo dos anos, a comunicação passar de uma simples dimensão de gerenciamento a fator crítico de sucesso no gerenciamento de projetos. A crescente multidisciplinaridade dos projetos tem contribuído para este aumento de relevância e como consequência, gerentes de projeto têm hoje a dura missão de coordenar desejos, necessidades e expectativas de uma gama cada vez maior de partes interessadas, requerendo deles habilidades cada vez mais específicas no que se refere a singularidades do contexto social encontradas a cada projeto.

Diante disso, autores argumentam que o gerente de projeto deve possuir algumas habilidades e competências essenciais para atuar no desempenho pleno de suas funções. Entre as principais habilidades documentadas na literatura podemos destacar:

- Comunicação,
- Organização
- Liderança,
- Habilidade de negociação
- Proatividade na solução de problemas.

Não pretendemos definir tais competências como únicas, mas apenas demonstrar a natureza multidisciplinar que permeia a função de gerente de projetos.

Ao longo dos próximos capítulos, examinaremos detalhadamente o contexto social dos projetos, além de identificarmos tecnologias, métodos e ferramentas que podem auxiliar no gerenciamento destas questões.

Resumo do Capítulo

Neste capítulo, analisamos a natureza temporária dos projetos identificando a diferença fundamental entre projeto e processo. Neste contexto, os processos são caracterizados pela execução contínua de determinadas atividades e os projetos como atividades de natureza temporária. Em geral, os projetos são executados de forma progressiva e seu resultado será sempre algo inédito.

Analisamos ainda alguns conceitos fundamentais do gerenciamento de projetos identificando dentre outros aspectos o papel das restrições. Aqui, observamos que a análise conjunta das dimensões: custo, escopo, tempo e qualidade são mutuamente influenciadas e que o desafio do gerente de projeto é, portanto, manter o equilíbrio entre estas dimensões tendo em vista a concepção de um produto que esteja alinhado aos requisitos e necessidades das partes interessadas.

Por fim, analisamos o papel da comunicação e sua crescente relevância no cenário atual do gerenciamento de projeto e como esta realidade tem influenciado os estilos de gestão no tocante ao envolvimento cada vez maior do contexto social nas decisões de projeto.

Capítulo 2

Conceitos Fundamentais da Gestão de *Stakeholders*

Em 1984, Freeman, um dos primeiros pesquisadores a questionar a relevância da análise de partes interessadas no campo das relações entre empresas e sociedade, definiu as partes interessadas ou *stakeholders* como: "*Qualquer grupo ou indivíduo que pode afetar ou ser afetado pela realização dos objetivos de uma empresa.*"[5]. Desde então, o conceito de partes interessadas vem assumindo papéis cada vez mais relevantes em projetos que demandam cada vez maiores habilidades de gerenciamento[6]. Em termos práticos, uma parte interessada pode ser virtualmente qualquer pessoa ou organização que afeta ou pode ser eventualmente afetada pelos objetivos de um projeto. A literatura de gerenciamento de projeto tende a caracterizar as partes interessadas de acordo com o seu papel sejam eles clientes, contratantes, patrocinadores, entre outros. Cabe observar que esta abordagem abrange não só partes interessadas diretamente ligadas à organização, mas estende-se para além destas fronteiras, envolvendo, portanto, pessoas e entidades que não se relacionam diretamente à empresa ou projeto, uma divisão que mais tarde Freeman classificaria por partes interessadas internas ou primárias e externas ou secundárias.

Assim, a gestão de *stakeholders* pode ser descrita como o esforço empreendido na construção de um ambiente favorável para que as negociações acerca dos objetivos de um projeto se façam atendendo critérios de transparência e ganhos mútuos, envolvendo no cerne das discussões todos os stakeholders, sejam eles internos ou externos, que impactem ou sofram os impactos das decisões tomadas em um projeto [6].

No tocante a sua relevância, o trabalho de Kirsi Aaltonen[7] demonstra que a importância da gestão de *stakeholders* tem sido asseverada em vários estudos[8,5,9,10,11,12]. Entretanto, a maioria das pesquisas sobre as partes interessadas mantem seu enfoque nas discussões teóricas e debates acerca dos conceitos sobre a gestão de *stakeholders*[9,13,10,14,15]. Diante disso, Freeman e McVea sugerem em seu estudo a aplicação das teorias da gestão de *stakeholders* nas soluções de problemas reais, de forma a transcender o desenvolvimento em torno da teoria propriamente dita[16]. A fundamentação básica da teoria dos *stakeholders* é que a organização tem relações com muitos intervenientes e para gerar e manter o apoio destes grupos é preciso considerar e equilibrar os interesses conflitantes sem desprezar suas características individuais ou diferentes níveis de relevância[13].

O Equilíbrio das Relações

Cees B.M Van Riel[17] argumentou que as organizações, em geral, estão sujeitas a uma avaliação social a qual denominou por "licença para operar", tal licença consiste em uma autorização informal imposta pela sociedade que lhe fornece a condição para operar em um dado contexto social. Esta autorização reflete a capacidade de comunicação da empresa com seus *stakeholders* internos e, principalmente, externos, evidenciando, entre outras coisas, o grau de alinhamento entre estas dimensões. A licença para operar torna-se efetiva, na medida em que, a empresa atinge novos níveis de engajamento através do alinhamento coerente entre desejos e necessidades dos interessados frente às decisões empresariais ou de projeto. Corroborando com esta análise, Harison1 ressalta que os *stakeholders* criam expectativas sobre a forma como as empresas vão se comportar e os resultados que eles esperam receber, quando estes se tornam abertamente insatisfeitos com as práticas empresariais, a imagem, reputação e ética da empresa são manchadas[18]. Da mesma forma, Putnam[19], argumenta que parece realmente haver evidências empíricas que confirmam uma correlação entre o engajamento social e o retorno obtido pelas empresas e governos. Tais relatos convergem para uma necessidade crescente de entender e determinar mais claramente o que os *stakeholders* valorizam, tornando-se, a cada dia, fator condicionante na obtenção de vantagens competitivas ante a concorrência. Entende-se por vantagem competitiva o conjunto de características ou atributos detidos por uma empresa que lhe conferem alguma superioridade sobre os concorrentes imediatos[20]. A Figura 3 ilustra o equilíbrio das relações sociais e seus reflexos.

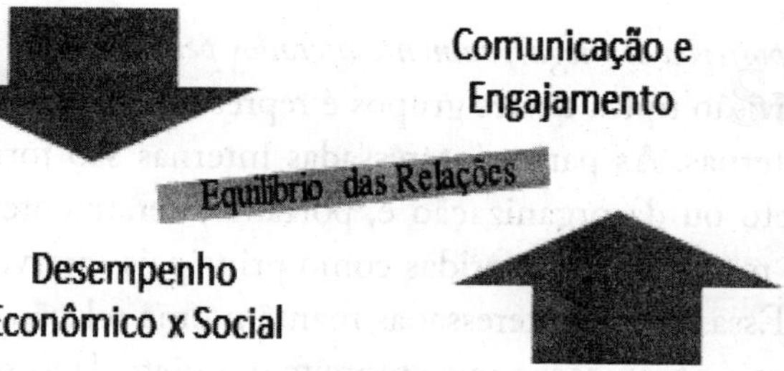

Figura 3: Equilíbrio das relações sociais

Observa-se, portanto, que as organizações precisam estar atentas e preparadas para as mudanças atuais e futuras, planejando suas ações e envolvendo seus *stakeholders* no cerne das suas estratégias empresariais. Um novo cenário que desafia as empresas a alcançarem o entendimento sobre as dinâmicas sociais e como estas influenciam e são influenciadas pelas mesmas. Planejar o engajamento das partes interessadas e a gestão dos *stakeholders* torna-se a cada dia uma atividade mais crítica para as organizações.

Paralelamente, essa realidade impele às empresas a necessidade de modernizar seus processos, analisando tanto do ponto de vista econômico-social, como também através de um suporte tecnológico eficiente, capaz de informatizar tarefas e prover o suporte à decisão necessária no tempo e qualidade adequados a cada contexto. As pesquisas e revisões das literaturas, realizadas para o desenvolvimento deste livro, confirmam que o emprego de tecnologias nos cenários do gerenciamento de *stakeholders* ainda é pouco explorado. Em contrapartida, observa-se o crescente papel da comunicação nas práticas de gestão das partes interessadas, tornando-se também um fator preponderante para o sucesso dos projetos. Exatamente nesta lacuna, residem os benefícios da proposta apresentada na segunda parte deste livro.

Partes Interessadas Internas e Externas

O guia de gerenciamento de projeto PMBOK, define as partes interessadas como: "*Pessoas e organizações, tais como, clientes, patrocinadores, a organização executora e o público que estão ativamente envolvidos no projeto ou cujos interes-*

ses podem ser positiva ou negativamente afetados pela execução ou pelo término do mesmo."[2] A divisão típica destes grupos é representada por partes interessadas internas e externas. As partes interessadas internas são formadas por membros do projeto ou da organização e, portanto, geralmente apoiam o projeto[21]. Elas são muitas vezes referidas como principais intervenientes ou atores de negócios. Essas partes interessadas mantêm uma relação formal, oficial, ou contratual com a organização que empreita o projeto. Já as partes interessadas externas não são membros formais da organização, mas podem afetar ou serem afetadas pelo projeto ou ações empresariais. Estes grupos são muitas vezes referenciados como partes interessadas não comerciais ou partes interessadas secundárias. A falta de compreensão dos vários interesses e expectativas destes diferentes grupos, assim como, a condução de ações para engajar ou influenciar positivamente os intervenientes durante todo o ciclo de vida de um projeto, têm sido identificados como um dos grandes desafios no gerenciamento de grandes projetos contemporâneos [22,23,24].

O trabalho de Aaltonen[7] apoia esta análise, no qual, fundamentado nos estudos de Daft e Weick propõe um modelo sistemático de mapeamento e análise com foco nas partes interessadas externas. Fundamentalmente, esses autores dividem o processo de intepretação das partes interessadas em três estágios, ver Figura 4. No primeiro, gestores analisam o ambiente, a fim de coletar informações sobre mudanças reais ou potenciais derivadas de um referido projeto, subsequentemente, têm-se a análise das informações com o fim de identificar os temas mais relevantes, por fim, toma-se a decisão com base nas intepretações [25].

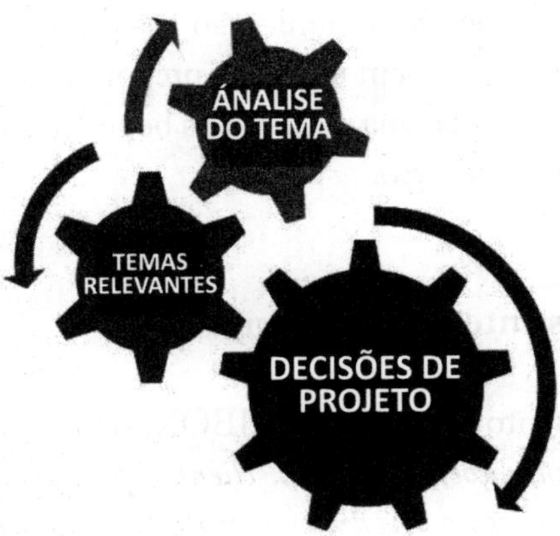

Figura 4: Interpretação do contexto das partes interessadas

Esta interpretação alinha-se com as diretrizes estabelecidas para a análise das partes interessadas que incluem atividades como: identificação, categorização e classificação das partes interessadas com base em seus atributos e interesses, bem como, a tomada de decisões estratégicas[26t].

A Busca pelo Alinhamento

Como citamos anteriormente, gerenciar projetos consiste, fundamentalmente, em manter o equilíbrio das reivindicações das demandas pelos recursos nas diferentes etapas do projeto[27]. Em um ambiente de incerteza e alta complexidade, o alcance deste equilíbrio pode não ser trivial, porém, é cada vez mais necessário.

O trabalho de Rebecca Yang, et al.[28] classificou opiniões de especialistas com mais de dez anos no campo da gestão de *stakeholders*, demonstrando entre outras argumentações, que a maior parte dos entrevistados concordou sobre a relevância da gestão de partes interessadas e sua influência nos fatores críticos de sucesso dos projetos.

A motivação fundamental para a melhor gestão dos *stakeholders* centra-se em ideais como transparência, inclusão e colaboração. Procura-se envolver as partes interessadas nas discussões com o fim de manter e melhorar os níveis de engajamento. Tende-se a acreditar que o estabelecimento de uma reação de confiança entre empresa, pessoas e projetos é um passo decisivo na direção da mitigação de riscos e maximização das chances de sucesso de um projeto.
Da mesma forma, apoiadores da teoria dos *stakeholders*[26,29,30] reforçam esta mensagem argumentando que a análise das partes interessadas amplia a capacidade do gerente de projeto para antecipar oportunidades e problemas, permitindo que a equipe de projeto tenha tempo para realizar as eventuais correções de curso.

Para Wim Bakens et al[33] e Young[34] a chave para a boa gestão das partes interessadas é a comunicação eficaz. Sobre este tema, em 1969, Sherry Arnstein, já havia proposto em seu trabalho o modelo descrito por ele como "escada da participação", um método que consistia na escalada dos oito degraus de engajamento pelo público de interesse. Essa classificação inicia-se com a "não participação" até o "envolvimento total" ou "controle cidadão", neste nível o público deteria, parte ou até mesmo a totalidade das decisões institucionais[35].

No entanto, para Pouloudi e Whitley "*a literatura carece de uma abordagem prática para realizar a identificação das partes interessadas no mundo real*", tornando cada dia mais latente a necessidade de um modelo de processo formal para gerenciamento de *stakeholders*[36].

Embora vários estudiosos tenham proposto diferentes abordagens para a análise das partes interessadas, poucos têm tentado consolidar abordagens práticas a serem utilizadas no gerenciamento das suas partes interessadas no dia a dia[37]. Para se ter uma ideia, os autores Achterkamp e Vos[38] através de uma ampla revisão da literatura, realizada entre os anos de 1995 a 2006, localizaram 42 artigos em que a noção de partes interessadas foi de alguma forma aplicada. Na primeira análise, os autores evidenciam que a principal finalidade do uso da noção das partes interessadas foi dar significado para o sucesso de um projeto ou para demonstrar a existência de pontos de vista diferentes sobre o sucesso do projeto. Para eles, a maioria dos artigos não fornece uma definição mais clara do que são as partes interessadas. Apenas 12 (doze) artigos, dentre os localizados, procuram explicar a identificação das partes interessadas e destes apenas 7 (sete) utilizaram uma definição formal sobre o termo "partes interessadas", dos quais apenas 2 (dois) conduzem investigações nesta área. A partir desta análise, pode-se concluir que existe um hiato na literatura de gerenciamento de projetos e gestão empresarial no tocante ao trato com os *stakeholders*. Observa-se ainda, que muito embora Freeman[5] e Michell[10] tenham teorias amplamente aceitas e reconhecidas na literatura, o campo da gestão de *stakeholders* ainda carece de determinados avanços para promover uma atuação mais eficiente, verificável e continuada. Os autores asseveram ainda, que pouca atenção tem sido dispensada na conceituação da noção de partes interessadas no âmbito do gerenciamento de projetos. Estudos como os realizados por Bourne[39] e Newcombe[40], sugerem que a natureza não linear dos projetos, sua complexidade e interatividade tendem a dificultar ações de identificação e análise de impacto das partes interessadas nos projetos. Complementando esta análise, Richard Burton et al.[41] ressaltam ainda que fatores de contingenciamento denotam o ambiente do projeto como um ambiente de alta complexidade, incerteza e equivocidade, esses fatores também dificultam fortemente a construção de um modelo integrado e aceito para a gestão das partes interessadas. Esta realidade nos oferece um breve esboço acerca dos desafios enfrentados pelos gerentes de projeto no cenário contemporâneo.

Foco no Engajamento

Para os autores Jepsen e Eskerod[26] (a, os gestores devem deliberadamente tentar engajar as partes interessadas nos objetivos dos projetos. Embora esta seja uma ação imperativa, esta afirmação ressalta a relevância da correta seleção das partes interessadas que deverão ser conduzidas aos processos de gerenciamento.

Precisamos lembrar que no ambiente de projetos lidamos, em geral, com recursos limitados que precisam ser bem administrados. Em projetos de maior porte, por exemplo, analisar todos os *stakeholders* de um projeto com a mesma acurácia pode ser um fator impeditivo para o andamento do mesmo, uma vez que o contingente de partes interessadas a ser gerenciado representa, em última análise, custos de projeto.

Assim, observamos que no tocante ao engajamento de partes interessadas, atividades como identificação e a correta priorização dos mesmos é fator fundamental. Esta medida permitirá elaboração de planos mais assertivos na medida em que alinha interesses entre *stakeholders*, organização e projetos.

A priorização de *stakeholders* tem sido objeto de pesquisas cada vez mais relevantes. Entre estes podemos citar o modelo proposto por Mitchell[10], como uma abordagem apropriada, além das abordagens propostas por Freeman[5] e mais tarde por Clarkson[8], que procura classificar as partes interessadas entre primárias e secundárias. Veremos estes modelos mais detalhadamente nos próximos capítulos.

Sob uma perspectiva mais teórica, Rebecca Yang[42], sugere que a realização da análise de partes interessadas pode ser constituída de duas etapas, sendo estas: (1) Identificação das partes interessadas, que se refere a seleção dos *stakeholders* com o fim de identificar seus interesses quanto aos objetivos do projeto e a (2) Priorização das partes interessadas, que consiste em analisar a influência e impacto das partes interessadas sobre um dado projeto. Sobre a identificação das partes interessadas, alguns autores argumentam que podem existir três tipos de interessados: (a) os que conhecem o tema, (b) os que não conhecem bem, (c) e os que desconhecem. Já nos processos de priorização, os impactos das partes interessadas podem ser analisados através de avaliações subjetivas sobre as características das partes interessadas, neste contexto, o trabalho de Michell[10], denominado *relevância dos* stakeholders, é amplamente conhecido. Mitchell, utilizou-se da relação entre três atributos, poder, legitimidade e urgência, para definir o perfil de um dado *stakeholder* em relação aos objetivos do projeto, viabilizando maior entendimento acerca de um dado cenário social. Adicionalmente, Kamal et al.[43] vão além da classificação tradicional proposta por Michell, para eles, o conhecimento acerca dos objetivos pode ser melhor adquirido quando há apoio dos *stakeholders* e neste contexto, sugerem que o nível de classificação envolva também aspectos pertinentes a suas expertises, considerando entre outros aspectos suas habilidades cognitivas.

Para estes autores, tais ajustes permitiriam analisar o envolvimento das partes interessadas em etapas específicas do projeto. Corroborando com esta análise, Achterkamp et al[44] propõem que a definição das partes interessadas e seu papel no contexto do projeto sejam analisados sob a perspectiva do ciclo de vida de um projeto. Nesse trabalho, os autores procuram através de uma análise bilateral, definir os papéis das partes interessadas de forma que estejam mais propensas a contribuir com o projeto em suas diferentes fases. Esta abordagem pode permitir a aplicação de diferentes técnicas de gerenciamento em diferentes etapas de um projeto ou processo empresarial, aumentando a adaptabilidade na medida em que permite a realização de ações de engajamento mais direcionadas.

Embora estudiosos defendam, em certa medida, a construção de um modelo genérico de gerenciamento a ser aplicado em diferentes projetos, esta abordagem contraria os mais recentes estudos neste campo e os princípios da teoria dos *stakeholders* que enfatiza a natureza única de cada projeto, sugerindo a impossibilidade de uma abordagem genérica a ser aplicada em todos os projetos[5].

Uma Rede de Relações

Analisar o impacto de um *stakeholder* em um projeto requer além de uma análise focada no indivíduo, um entendimento amplo acerca do contexto em que este se insere socialmente, deste modo, o entendimento deste contexto pode ser analisado sob a perspectiva de uma rede de relacionamentos. Para fazer uso desta rede na análise do impacto das partes interessadas, a noção de atores invisíveis é fundamental, uma vez que, *stakeholders* específicos podem ter pouca influência aparente, mas as influências ocultas nas relações sociais podem o constituir de um poder inócuo, porém substancial em relação ao projeto[39]. Assim sendo, a análise das relações consiste em analisar uma estrutura de relacionamento que forma um modelo esquemático que inter-relaciona as partes interessadas ou categorias permitindo, dentre outras coisas, identificar *stakeholders* que desempenham papéis centrais ou periféricos na rede e como eles influenciam outras partes interessadas e o próprio projeto.

Tomemos, preliminarmente, por exemplo, as variáveis poder e interesse, na qual a primeira define, em linhas gerais, o grau de poder de um *stakeholder* em influenciar o projeto e, a segunda, o interesse que esse mesmo *stakeholder* possui na conclusão de um determinado projeto. A Figura 5 mostra a representação e o efeito destas relações.

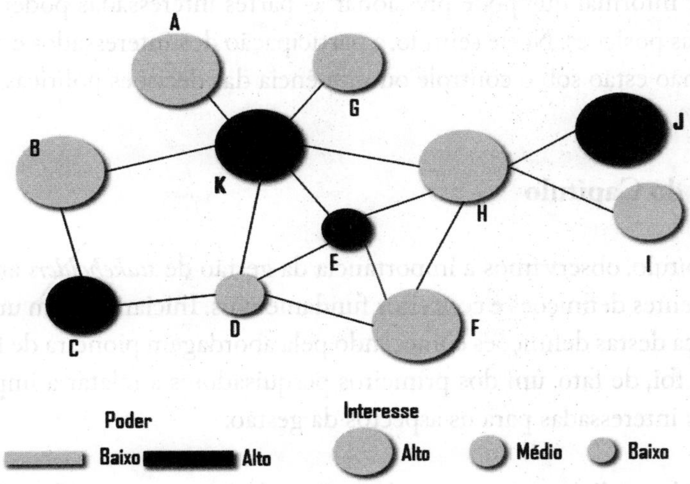

Figura 5: Exemplificando a rede de relações

Analisando a rede ilustrada na Figura 5, é possível perceber que o *stakeholder* "K" apresenta as características de alto interesse e alta influência e, embora esta característica também seja encontrada no *stakeholder* "J", sua posição na rede mostra que se trata de um *stakeholder* mais relevante, uma vez que possui além de alto poder e interesse, maior influência dentro da rede de relações, já que se relaciona com um número maior de outros *stakeholders* [6]. A combinação de poder e interesse alto classifica um determinado *stakeholder* como crítico para o projeto[4]. A análise de sua influência na rede permite detalhar esta criticidade, priorizando os *stakeholders* em função da sua efetiva capacidade de impactar no projeto.

Maginn apoia esta perspectiva, uma vez que, seus estudos consideram que o poder e a influência das partes interessadas podem fluir através dos sistemas e ativar mudanças de atitudes dos outros[45]. Diante disso, Newcombe[40] enfatiza que os gerentes de projeto não devem olhar para os intervenientes que têm pouco poder aparente e considerá-los como fracos porque estes interessados podem ter uma forte influência sobre as atitudes dos intervenientes mais poderosos. Bourne e Walker[39] consideram que as partes interessadas invisíveis poderiam causar grandes comprometimentos no desenvolvimento de um projeto. Analogamente, Olander e Landin[46] ressaltam que o público muitas vezes não tem poder formal para afetar a tomada de decisões de um projeto, mas tem um poder informal que pode pressionar as partes interessadas poderosas para mudar suas posições. Neste sentido, a participação dos interessados e seu engajamento não estão sob o controle ou influência das decisões políticas.

Resumo do Capítulo

Neste capítulo, observamos a importância da gestão de *stakeholders* analisando suas diferentes definições e conceitos fundamentais. Iniciamos com uma análise histórica destas definições começando pela abordagem pioneira de Freeman, 1984 que foi, de fato, um dos primeiros pesquisadores a relatar a importância das partes interessadas para os aspectos da gestão.

Em seguida, realizamos uma ampla análise da literatura, verificando alguns dos principais trabalhos no campo da gestão de *stakeholders*, comparando e consolidando as opiniões dos autores a fim de fornecer um entendimento mais amplo acerca dos aspectos fundamentais da gestão de *stakeholders*, revelando a influência dos aspectos sociais no desempenho dos atos de gestão.

Subsequentemente, observamos como o equilíbrio das relações pode ser um dos fatores preponderantes para o alcance dos objetivos empresariais. Analisamos seu efeito no contexto empresarial e como as organizações serão impelidas a reinventar sua relação com os diferentes *stakeholders* sob pena de pôr em risco a perenidade do seu negócio. Sobre o engajamento das partes interessadas ou *stakeholders*, observamos os desafios do alinhamento ante as ações de engajamento, respondendo a difícil questão "quem engajar?", além do impacto destas ações na consecução dos objetivos do projeto.

A gestão de *stakeholders* busca conquistar a confiança dos *stakeholders* através de diferentes estratégias de gerenciamento. Assim, analisamos neste capítulo algumas abordagens de forma preliminar que serão detalhadas nos próximos capítulos.

Analisamos ainda os aspectos iniciais da identificação e priorização dos *stakeholders* e observamos algumas abordagens descritas na literatura que demonstram a relevância destas etapas para os processos de gestão.

Por fim, discutimos as redes de relações e descrevemos, brevemente, o comportamento social dos *stakeholders*. Observamos que os *stakeholders* de um projeto estão, em geral, relacionados uns aos outros formando uma rede na qual pode-se identificar o papel de cada *stakeholder* em um dado contexto social e sua influência para se alcançar os objetivos pretendidos

Capítulo 3

A Gestão de *Stakeholders* na Perspectiva do Gerenciamento de Projetos

Como já vimos, desde o surgimento das definições mais elementares acerca da gestão de *stakeholders*[5], o campo da análise de partes interessadas vem ganhando significativa notoriedade e esta realidade tem impelido os novos gestores à responsabilidade de atuar não só sob o aspecto técnico do projeto, mas, cada vez mais, sob questões relacionadas às pessoas e suas relações interpessoais. Essa é uma questão na qual, certamente, persiste um dos maiores desafios para o gestor contemporâneo.

Se tomarmos a argumentação de Boehm e Ross sobre o gerenciamento de projetos, podemos observar algo interessante. Embora ambos concordem que cada projeto é uma empreitada única, eles argumentam que apesar da diferença entre os projetos ser em grande parte definida pela conformidade dos resultados, escolhas e decisões tomadas acerca de aspectos tecnológicos, metodológicos, etc., o fator determinante para fazer com que um projeto não se repita são as pessoas[47]. Esta argumentação certamente nos fornece uma pista sobre a relevância de selecionar, mapear e entender como as partes interessadas estão posicionadas nos diferentes projetos e como elas influenciam e são influenciadas no seu desenvolvimento.

Diante dessa realidade, diversas teorias têm sido modeladas com o fim de contribuir para a melhoria das relações entre as empresas, seus projetos e seus *stakeholders*. Entretanto, pode-se observar que grande parte das abordagens propostas na literatura mantém um enfoque predominantemente teórico, de forma que pouca atenção tem sido dispensada na composição de métodos que enfatizem os aspectos práticos acerca da sistematização dos processos de gestão de *stakeholders*, uma necessidade que cresce na medida em que temas como responsabilidade social corporativa e desenvolvimento sustentável ganham força no cenário global.

A Aplicabilidade da Gestão de *Stakeholders*

A busca por modelos e métodos práticos e aplicáveis para a gestão de *stakeholders* tem despertado o interesse de pesquisadores ao redor, no globo. O ato de entender e melhorar continuamente as relações entre as empresas, os projetos e seus *stakeholders* têm ganho significativa relevância e, embora não exista ainda um consenso a respeito das metodologias mais eficientes, pesquisadores têm envidado esforços na criação de métodos e técnicas como forma de delinear as melhores práticas deste campo de estudo. Em certa medida, estas ações têm formado a base da gestão de *stakeholders*, permitindo a elaboração de novos métodos e sua aplicação em cenários reais. Tal movimento, denota a relevância em se estabelecer relações sustentáveis entre os *stakeholders* e os reflexos do seu engajamento na mitigação dos riscos e contribuições para o sucesso dos projetos.

Um dos fatores preponderantes para o crescimento deste campo de pesquisa está certamente suportado pela consagração desta problemática nos modelos e métodos de gerenciamento de projetos. Metodologias consolidadas no campo da gestão de projetos vêm enfatizando sistematicamente a relevância da gestão de partes interessadas para o sucesso dos projetos. Um indicativo claro desta tendência pode ser observado nas recentes iniciativas do *Project Management Institute*[1] ao incluir em sua quinta edição do Guia de Conhecimento em Gerenciamento de Projetos[4] uma nova área de conhecimento denominada de Gerenciamento de Partes Interessadas, na qual se propõe de forma sistemática, os meios para conduzir melhorias nas relações durante o gerenciamento de projetos.

De forma similar, outras metodologias atentam, ainda que de forma menos detalhada, para a relevância da gestão de *stakeholders*. Neste contexto, pode-se citar a metodologia PRINCE2 (*Project In a Controlled Environment*)[48] que aborda, entre os seus aspectos de desempenho, as questões relacionadas aos benefícios entregues aos *stakeholders* e o MPS.BR[49] na engenharia de software, que aborda a relevância do tema em processos ligados ao gerenciamento de projetos e a engenharia de requisitos, sendo estes apenas alguns dos exemplos que citam a importância do tratamento das relações com os *stakeholders* para o dia a dia da gestão empresarial e do gerenciamento de projetos.

O Crescimento da Gestão de *Stakeholders* nas Abordagens de Gerenciamento de Projetos

O Guia de conhecimento em gerenciamento de projetos PMBOK[2] define projeto como: "*Um esforço temporário empreendido para criar um único produto, serviço ou resultado*". Alinhado com esta definição, Olander[50] destaca que um projeto é um processo único, e que consiste em: "*um conjunto atividades de coordenação com um início e uma data de término, empreendido para alcançar um objetivo em conformidade com requisitos específicos, incluindo tempo, custo e recursos.*"

Contrariando esta perspectiva, Ibrahim e Nissen[51] argumentam que os projetos não são sempre os mesmos, enquanto Grabher Cool[52] ressalta que a singularidade da natureza e a duração limitada dos projetos requerem esforços adicionais para construir equipes de projeto eficazes ,e gerar confiança, tanto dentro da equipe quanto entre os participantes do projeto. Complementarmente, autores ressaltam que os membros da equipe devem aprender rapidamente a trabalhar em conjunto, como uma unidade coerente argumenta-se que é preciso uma sintonia entre os gerentes de projeto no que se refere aos aspectos culturais e organizacionais.

Os contingenciamentos em projetos demonstram a natureza incerta dos mesmos e este ambiente de alta complexidade e incerteza tende a dificultar a gestão das partes interessadas [53]. Para Youker[54] a incerteza torna-se um problema para os gerentes do projeto em razão da relação de dependência entre o projeto e os elementos em seu ambiente. O desafio consiste em encontrar o equilíbrio entre as expectativas e os recursos disponíveis para um projeto, todavia, autores alertam que alcançar este equilíbrio pode não ser tão trivial.

Se observarmos o guia de conhecimento em gerenciamento de projetos PMBOK[4], os autores utilizam uma definição amplamente aceita para a partes interessadas, definindo-as como: "*indivíduos ou organizações que estão ativamente envolvidos no projeto ou cujos interesses podem ser afetados, como resultado da execução do projeto ou da sua conclusão.*" Analogamente, nas últimas décadas, o gerenciamento de projetos vem sofrendo pressões constantes dos seus *stakeholders* em relação ao seu posicionamento social e sustentável, levando a gestão de projetos a incluir no cerne das suas decisões, as preocupações relacionadas ao gerenciamento das partes interessadas internas e externas, a fim de garantir o sucesso do projeto[22]. Olander e Landin argumentam que o gerenciamento de partes interessadas no gerenciamento de projetos vem ganhando significativa relevância[55]. Segundo esses autores, as pressões sociais e ambientais levam as empresas a buscarem novos métodos de trabalho, atendo-se aos interesses e expectativas dos intervenientes ligados ao projeto. Seguem afirmando, que a falta de maturidade no tratamento destas relações pode ampliar significativamente os riscos em função de conflitos e controvérsias sobre a empreitada. Em concordância com esta afirmação, Vaagaasar[56] complementa citando que a literatura atual demonstra a necessidade de uma mudança de foco. Enquanto a maneira tradicional do gerenciamento de projetos centra-se no conceito dos fenômenos dissociados, baseados na lógica e na razão, desde meados dos anos 90, um número expressivo de pesquisadores considera projetos como organizações temporárias altamente integradas, remetendo a investigações acerca de como estas se relacionam e quais os impactos a elas relacionados.

Para diversos autores, os projetos envolvem uma ampla gama de partes interessadas, cujos interesses e reivindicações devem ser considerados na tomada de decisão para garantir o seu sucesso[7,57,58,55]. Embora, haja a percepção de que a identificação das partes interessadas seja o coração de muitas estruturas de classificação, por exemplo, Mitchell et al. em seu quadro de relevância dos *stakeholders*[10], muito menos atenção é despendida com as atividades complementares a este processo.

Uma informação especialmente importante no âmbito do gerenciamento de projetos é a identificação dos cenários ou contextos aos quais as partes interessadas identificadas estão associadas. Observa-se que em geral, grande parte das pesquisas sobre a gestão de *stakeholders* mantém seu enfoque na criação dos modelos de gerenciamento das partes interessadas orientados para as práticas, sistemas e métodos de classificação[59,60,9,61,55t]. Muito menos atenção tem sido dedicada à compreensão das partes interessadas no contexto do projeto, ou seja, como os intervenientes realmente se comportam e como eles são capazes de influenciar o processo de tomada de decisão no gerenciamento do projeto. Um projeto tem um contexto eminentemente dinâmico e, ao longo do seu ciclo de vida, diferentes cenários e atores são evidenciados, de modo que o entendimento acerca do comportamento das partes interessadas nessas diferentes fases torna-se imprescindível para o sucesso do seu modelo de gestão. Alguns autores relatam que a gestão das partes interessadas do projeto, levando em conta as suas necessidades e exigências, é um elemento essencial para o seu sucesso[62,57,58].

A Importância do Contexto na Gestão de *Stakeholders*

Um modelo teórico baseado em um sistema de interpretação aplicado ao contexto da análise das partes interessadas em projetos pode ser visto no trabalho de Daft e Weick[25]. O modelo se concentra particularmente na descrição do processo pelo qual os gestores podem perceber, interpretar e tentar responder às mudanças oriundas do ambiente externo ao projeto. Nesta abordagem, os autores dividem o processo de interpretação das partes interessadas em três estágios. No primeiro, gestores analisam o ambiente, a fim de coletar informações sobre mudanças reais ou potenciais, subsequentemente, tem-se análise das informações com o intuito de identificar temas relevantes, por fim, toma-se a decisão com base nas interpretações[25]. Apoiado nesta abordagem, o trabalho de Aaltonen[7] propõe um processo de interpretação do contexto das partes interessadas formado por uma matriz composta por dois eixos que expressam: (1) As crenças da equipe de gerenciamento de projetos sobre a capacidade de analisar o ambiente externo das partes interessadas e (2) O nível de entendimento sobre as interferências dos *stakeholders* externos. Basicamente, enquanto alguns gerentes de projetos trabalham no gerenciamento dos conflitos de forma contínua, outros tentam encapsular as influências e agir apenas no estabelecimento de um conflito, uma abordagem perigosa[63,64]. O engajamento precoce das partes interessadas e a transparência de um projeto em sua fase de planejamento tem sido enfatizada por muitos autores como um importante fator de sucesso.

Expandindo a ideia de projetos até portfólios, Beringer, Jonas e Kock[65] argumentam que a maturidade dos processos de gerenciamento de portfólio conduz ao maior entendimento acerca da relevância do gerenciamento dos interessados para o sucesso dos programas e projetos. Os autores procuram, através de uma ampla revisão sistemática da literatura, alcançar os meios para mensurar o grau de impacto das partes interessadas no processo de gerenciamento de portfólio.

Fundamentalmente, no tocante à gestão de partes interessadas, procura-se fazer a aferição de dois aspectos principais, identificando as (1) partes interessadas favoráveis e (2) não favoráveis[66,12]. Outros autores enriquecem esta análise através de um sistema de categorização, Passiva e Ativa, que diferencia os tipos de apoio ou oposição e ensejam o cruzamento destas características comportamentais através de uma matriz, na qual se estabelecem relações que podem variar em função do contexto em que o estudo é aplicado[29,67]. Desta forma, são reproduzidas perspectivas, como níveis de oposição passiva ou ativa *versus* níveis de apoio, que podem variar também entre passivo ou ativo.

O cruzamento destas forças, oposição *versus* apoio, produz as medições necessárias para a avaliação da intensidade do engajamento das partes interessadas.

Em verdade, desde o surgimento da teoria dos *stakeholders*, observa-se que a maioria das pesquisas mantem seu foco nos *stakeholders* principais (ou primários), sendo estes, via de regra, os *stakeholders* que influenciam na perspectiva econômica do projeto. Todavia, autores argumentam que a falta de compreensão dos vários outros grupos de interesse (secundários), as motivações por trás de suas ações e seu potencial para influenciar o ciclo de vida do projeto, especialmente no que se refere à gestão, têm sido identificados como um dos grandes desafios no gerenciamento de projetos contemporâneos[22,68,24].

A teoria dos *stakeholders* influenciou as definições de diferentes métodos de classificação[61,69,70,2,4], porém, tipicamente, as partes interessadas ainda são divididas pela classificação binária de interna e externa, no qual, como vimos anteriormente, a primeira procura representar os membros do projeto[21], e a segunda, apesar de não ser membro formal da empresa, pode influenciar ou ser influenciada pelas ações dos projetos[8,12].

Negligenciar Partes Interessadas Secundárias é um Risco que não se Deve Correr. Fique Atento!

Autores ponderam sobre a eficiência do engajamento das partes interessadas secundárias em projetos. Apoiadores desta abordagem argumentam que tais ações podem aumentar o desempenho do projeto, diminuindo os custos relacionados aos riscos e conflitos durante a sua execução. Por outro lado, se as partes interessadas secundárias são sumariamente excluídas pela gestão de projetos, estas podem envolver-se em um conjunto de ações para avançar com suas reivindicações institucionais[71,72]. Tais ações podem resultar em operações custosas e ter consequências negativas no que se refere à reputação da organização[73]. Levine complementa relatando que ao longo de um projeto, existem fases apropriadas em que cada parte interessada deve ser envolvida nas ações de engajamento[74].

É amplamente reconhecido, tanto na literatura de gerenciamento de projeto quanto nas diretrizes éticas de projetos de infraestrutura[22], que a fase de preparação do projeto é, via de regra, marcada pela presença de diferentes intervenientes, com diferentes opiniões e expectativas. Este cenário naturalmente eleva o risco do projeto na medida em que as partes interessadas têm mais chance de afetar os objetivos do projeto e, consequentemente, os seus resultados[2,4,22]. Neste momento, ações de engajamento mais direcionadas podem ser de grande ajuda reduzindo o risco de conflitos, na medida em que as decisões e negociações são gerenciadas de perto.

A gestão de partes interessadas em projetos pode ser considerada uma área estabelecida no cenário do gerenciamento de projetos contemporâneos[2,4] e mesmo não havendo grande quantidade de investigação, fornece orientações importantes acerca dos *stakeholders* de um projeto e as práticas de gestão [38,75]. Todavia, Aaltonen e Kujala[76] relatam que a falta de estudos que relacionem o ciclo de vida do gerenciamento de projetos com a gestão de *stakeholder* é surpreendente. Conforme o projeto avança em suas fases, os cenários ambiental, social e econômico também sofrem mudanças, assim como os riscos e oportunidades, de modo que, o campo do gerenciamento de projetos ainda carece de uma abordagem para a gestão de *stakeholders* que vá além das etapas iniciais do projeto. O desafio contemporâneo centra-se em determinar quais partes interessadas deve-se atender nos diferentes estágios de um projeto.

Resumo do Capítulo

Neste capítulo, observamos a gestão de partes interessadas sob o olhar do gerenciamento de projetos. Observamos a sinergia entre estes campos de estudo e como a gestão de projetos, em certa medida, deu propulsão às pesquisas no campo da gestão de *stakeholders* e vice-versa. Paralelamente, analisamos diferentes propostas, teorias e abordagens, discutindo entre alguns dos diversos autores que têm contribuído para este tema nas últimas décadas. A análise teórica a qual discorremos ao longo deste capítulo, nos oferece uma pista sobre a amplitude deste campo de estudo e alguns dos desafios que ainda estão por vir. Analisamos a aplicabilidade da gestão de *stakeholders*, observando como metodologias consolidadas no gerenciamento de projetos impulsionaram e continuam a impulsionar esta disciplina e, progressivamente, detalhamos esta relação oferecendo definições e abordagens na tentativa de esclarecer o posicionamento dos diversos autores mapeados diante de alguns dos principais temas deste área do conhecimento.

Subsequentemente, analisamos a importância do contexto da gestão de *stakeholders*, argumentando sobre os meios de evidenciá-lo e abordagens teóricas para representação destas informações. Por fim, observamos a presença dos *stakeholders* externos e sua relevância no processo de construção de relações sustentáveis abordando seus resultados na mitigação dos riscos, na medida em que elevam as chances de sucesso do projeto.

A análise da literatura da gestão de *stakeholders* apresentada neste capítulo, ilustra que apesar dos avanços, ainda parece haver um hiato no tocante a composição de métodos mais específicos e alinhados às peculiaridades dos projetos e seus *stakeholders*. Diferentemente dos processos tradicionais, a natureza temporária de um projeto impele maior velocidade e dinamismo no gerenciamento das relações, tornando o desafio de estabelecer relações sustentáveis e duradouras ainda mais complexo. Por outro lado, observam-se avanços consistentes nas abordagens teóricas, além de uma notória sinergia e colaboração entre as pesquisas. Este cenário fomenta a possibilidade real da criação de um modelo de gerenciamento de *stakeholders* mais eficaz e aplicável ao campo do gerenciamento de projetos, abrindo espaço para a construção de ferramentas, softwares e novos modelos de apoio a esta crucial atividade de gerenciamento.

Capítulo 4

Desenvolvimento Sustentável e a Gestão de *Stakeholders*

A discussão sobre desenvolvimento sustentável, predominante nas últimas décadas, trouxe à luz novos desafios enfrentados pelos mercados e negócios, tais como os temas relacionados às mudanças climáticas, direitos humanos, cadeia de fornecedores, governança corporativa e transparência, que não faziam parte das pautas das empresas há 20 anos.

Cada vez mais, as empresas são cobradas por seus impactos diretos e indiretos na economia, na sociedade e no meio ambiente e este novo cenário tem exigido mudanças significativas na forma com que as empresas se relacionam, alertando-as para a impossibilidade de atuarem de forma isolada e a necessidade da inclusão de outras partes interessadas na geração de soluções estratégicas com sinergia e alinhamento social.

Autores argumentam que as preocupações com a responsabilidade social corporativa tem ganho significativa notoriedade nos últimos anos[77], entretanto, ainda não parece haver um consenso sobre a existência de uma definição formal e universalmente aceita de responsabilidade social corporativa[78].

Diante disso, apresentamos algumas definições relevantes sobre esse tema. A norma ISO 26000 define RSC (Responsabilidade Social Coorporativa) como: "*a responsabilidade de uma organização no impacto das suas decisões na sociedade e no meio ambiente, através de um comportamento transparente e ético*"[79]. O *Business for Social Responsability* (BSR) define como: "*a capacidade de uma organização atender ou exceder as expectativas econômicas, sociais e ambientais das instituições comerciais e do público legal, de forma ética e transparente*"[80]. Para Davis[81], trata-se da "*capacidade da empresa ir além das estritas exigências econômicas, técnicas e legais, associando aspectos sociais e ambientais aos ganhos econômicos, atentando para o equilíbrio das necessidades e expectativas das partes interessadas que afetam ou são afetadas pelas decisões da empresa*".

Shen et al[82] ressaltam que o progresso contínuo e a expansão das empresas estão cada vez mais associados a uma série de desafios de desenvolvimento sustentável, envolvendo questões econômicas, ambientais e sociais. Complementarmente, argumenta-se que a sustentabilidade corporativa tem reflexos na capacidade de uma empresa continuar operacional durante um longo período de tempo, uma realidade que depende fortemente da sustentabilidade de suas relações e o engajamento com suas partes interessadas[83].

Diante deste fato, as empresas têm se esforçado para mitigar os riscos oriundos do desalinhamento entre o seu desempenho em sustentabilidade e sua reputação frente as expectativas dos seus *stakeholders*. Embora a Teoria dos *Stakeholders* reconheça que as organizações têm obrigações não só para com os seus acionistas, mas também com outros grupos de interesse, tais como clientes, colaboradores, fornecedores e a própria comunidade em geral[84], autores argumentam sobre a necessidade de um processo sistemático para gerenciamento das partes interessadas. E seguem argumentando que, em geral, o processo é feito de forma *ad-hoc* com pouca eficiência e a longo prazo[77]. Corroborando com esta afirmação, em outros trabalhos pode-se observar ainda que, embora a responsabilidade social corporativa tenha ganho grande notoriedade, a falta de um conjunto coerente de indicadores tem fomentado o interesse de pesquisadores em debruçar-se sobre o tema[85]. Aaltonen et al[76] abordam a gestão de *stakeholders* na perspectiva de gerenciamento em projetos globais. Para eles, grande relevância tem sido observada para as questões de cunho ambiental e social nas organizações, de modo que, temáticas como a responsabilidade social corporativa e o desenvolvimento sustentável tornam-se temas recorrentes neste campo. Outros autores relatam ainda que as preocupações de ordem social e ambiental precisam ser cuidadosamente consideradas como parte da tomada de decisões nos projetos, a fim de influenciar no seu sucesso[22,,87]. Isso demonstra a necessidade de mapear as partes interessadas com foco em um contexto mais amplo que envolva não somente sua relação econômica, mas também sob uma perspectiva ambiental e social.

Analogamente, Sánchez[77] propõe a criação de um framework com o objetivo de incluir os aspectos da sustentabilidade no contexto da seleção dos projetos no portfólio de uma empresa. Nesse trabalho, os autores apresentam um modelo baseado em *Balanced Scorecard* (BSC)[88] que procura avaliar os projetos tanto no que se refere à sua contribuição para os objetivos da organização, como no alinhamento aos aspectos da sustentabilidade, evidenciando como as ações diárias estão contribuindo para a melhoria dos aspectos sociais e ambientais ao seu entorno. Sobre a metodologia aplicada na confecção do modelo, os autores argumentam que esta abordagem perpassa etapas como: a (1) análise de partes interessadas, na qual são especificados e categorizados os *stakeholders*, demonstrando suas relações, objetivos e expectativas, culminando na criação de um mapa estratégico; o (2) mapa estratégico, cujo modelo proposto sugere uma alteração na dimensão cliente do modelo original para *stakeholders*, com o objetivo de alinhar os interesses e expectativas dos mesmos com os macro objetivos do projeto; e a (3) análise da sustentabilidade, que objetiva fornecer o ambiente adequado para avaliação da sustentabilidade no contexto dos projetos em análise.

Com uma visão mais focada no indivíduo, Zhao et al[85] propõem um conjunto de indicadores fundamentado na teoria dos *stakeholders*[5], com o fim de traduzir as principais questões de responsabilidade social corporativa para o campo da construção civil. Para tanto, os autores utilizam o modelo de Michell[10] para classificar as partes interessadas em graus de poder, legitimidade e urgência como forma de realizar a priorização dos *stakeholders*.

Reed, Graves e Dandy[37] discutem em outro trabalho os métodos para análise das partes interessadas que são comuns no âmbito da investigação sobre a gestão de recursos naturais. Os autores sugerem que a identificação das partes interessadas pode ser feita usando a opinião de especialistas, grupos focais[37,89,90], entrevistas semiestruturadas[91,92], amostragem bola de neve[93,37], ou uma combinação destas técnicas. Do mesmo modo, alguns métodos têm sido desenvolvidos para investigar as relações entre as partes interessadas sob a perspectiva do seu interesse e influência, utilizando-se de técnicas como matrizes poder/interesse, teoria ator/rede e análise de redes sociais [94,24,46,60,95,37].

No que se refere à avaliação e evidenciação das informações das relações sustentáveis entre os *stakeholders* e o projeto, Kolk[96] ressalta que muitos instrumentos são referenciados como relevantes na avaliação da sustentabilidade, nos quais destacam-se: os códigos de conduta e princípios, os frameworks de relatórios de sustentabilidade e as diretrizes da responsabilidade social[96].

Os relatórios de sustentabilidade representam, atualmente, o meio pelo qual as empresas divulgam suas ações em sustentabilidade entre suas partes interessadas e, embora sejam iniciativas voluntárias, não tendo, portanto, obrigatoriedade legal, a cada ano, novas empresas aderem a sua publicação, o que demonstra a necessidade crescente dos interessados em obter informações confiáveis acerca do desempenho sustentável das empresas.

Cabe a nós refletirmos sobre este pensamento que fomenta a consciência de que a empresa opera em um ambiente social e sua existência não deve ser determinada apenas pelos aspectos econômicos, mas sim, pelo papel que esta organização desempenha no cenário social em que se insere[97]. Corroborando com esta análise, Ciliberti et al[98] sugerem ainda que muitos consumidores preferem comprar produtos de empresas que se preocupam com o meio ambiente, mantendo bom comportamento e cidadania, uma situação observada também entre investidores que preferem investir nesses mesmos tipos de organizações, pelas mesmas razões típicas.

De acordo com Orlitzky et al[99], há uma relação clara entre o crescente desempenho social corporativo e o crescente desempenho financeiro. Cabe ressaltar ainda que em 2005, 64% das 250 maiores empresas publicaram relatórios de desempenho social, evidenciando a redução da poluição, resíduos, emissões de carbono e uso de energia, além de iniciativas em voluntariado[100]. Organizações em todo o mundo têm adotado metodologias diversas para auditar seus desempenhos em responsabilidade social[101], as quais destacam-se o *Global Reporting Initiative (GRI), Social Accountability 8000 (SA8000), British Institute of Social and Ethical Accountability e o Research Center for Corporate Social Responsibility.*

Atualmente, muitas empresas utilizam um modelo específico para desenvolvimento dos seus relatórios de sustentabilidade, neste contexto, o padrão proposto pelo *Global Reporting Initiative*[102] tem forte representatividade. O GRI é uma entidade não governamental fundada em 1997, a partir de uma iniciativa conjunta entre os órgãos *Coalition for Environmentally Responsible Economics* (CERES)[103] e a *United Nations Environment Programme* (UNEP)[104] com o fim de aumentar a qualidade, o rigor na construção e utilização dos relatórios de sustentabilidade. Entre suas principais iniciativas está a definição de um modelo padronizado para confecção dos relatórios de sustentabilidade. Este arcabouço procura modelar as diretrizes que fundamentam, de forma criteriosa, a confecção dos relatórios de sustentabilidade sob as óticas ambiental, social e econômica.

Estes dados demonstram que as organizações têm se mobilizado para divulgar informações relativas ao seu posicionamento social, ambiental e econômico por meio dos relatórios de sustentabilidade e esta visão unificada acerca do panorama sustentável da empresa passa a influenciar as partes interessadas no que se refere a forma como as organizações se posicionam e suas ações diante da realidade social ao seu entorno.

O Impacto de Não Fazer

Marilyn Taylor[105] afirmou, que apesar de uma crescente ênfase ser colocada sobre as políticas de comunidade ou *stakeholders*, muitas comunidades, especialmente as mais desfavorecidas, ainda estão à margem em processos de tomada de decisão. O engajamento desequilibrado das partes interessadas reflete o fato de que a democracia no gerenciamento de projetos tem sido mais frequentemente retórica do que prática.

O trabalho de Aaltonen et al[72] ilustra esta afirmação em um estudo de caso realizado em uma fábrica de celulose no Uruguai denominada Botnia. Os autores narram em seu trabalho os grandes desafios enfrentados em virtude dos baixos níveis de engajamento das partes interessadas. Fundamentalmente, tratava-se do maior investimento industrial da história do Uruguai. A fábrica de celulose está localizada no Rio Uruguai, que é um rio de fronteira entre o Uruguai e a Argentina. O uso do rio é protegido por um tratado, que requer a comunicação e concordância das partes para informar a outra sobre qualquer projeto que possa afetar o rio.

As poucas iniciativas de engajamento relatadas no estudo sugerem pouco alinhamento com as correntes teóricas propostas na literatura de gestão de *stakeholders* e com a própria responsabilidade social, resumindo a comunicação das partes interessadas à organização de sessões de informações locais, tanto no Uruguai quanto na Argentina.

Apesar destas iniciativas, as sessões de informação no lado da Argentina tinham poucos representantes e a equipe do projeto ignorou o fato. Além disso, um grupo de ativistas ambientais uruguaios demonstrou posicionamento contrário e desfavorável ao projeto.

A autorização do governo uruguaio foi concedida em fevereiro de 2005, todavia, ao iniciar o projeto, o reflexo do baixo engajamento dos *stakeholders* foi evidenciado na forma de protestos e sanções legais. As associações de moradores locais iniciaram protestos ativos e até o final de abril do mesmo ano dezenas de milhares de pessoas se reuniram para impedir a evolução do projeto. Tal mobilização influenciou as esferas governamentais e a Argentina, em janeiro de 2006, decidiu levar o caso aos tribunais. Desde então, tentativas frustradas foram realizadas pela empresa a fim de retomar o projeto. Depois de diversos impasses, a fábrica de celulose finalmente iniciou suas operações no final de 2007.

O caso Botnia fornece insights interessantes sobre a natureza dinâmica do envolvimento das partes interessadas e a relevância em se examinar as complexas redes de relações entre os projetos e seus *stakeholders* primários e secundários, principalmente, quando as atividades são realizadas em ambientes turbulentos com o envolvimento de muitos intervenientes.

Existe um amplo arcabouço teórico acerca da gestão de *stakeholders* que pode ser utilizado para mitigar os problemas inerentes às relações entre os *stakeholders*, as empresas e os projetos e, embora não exista um consenso em torno da melhor prática, argumenta-se que a ideia básica da responsabilidade social corporativa é analisar respectivamente a forma como as organizações integram os aspectos econômicos e os interesses sociais das partes interessadas[7], observando como a troca de valores pode beneficiar o máximo de intervenientes simultaneamente.

Resumo do Capítulo

Neste capítulo analisamos as mudanças sociais e o consequente fortalecimento de conceitos como a responsabilidade social corporativa e o desenvolvimento sustentável que experimentamos ao longo dos últimos anos, delineando como estes temas se relacionam com a gestão de *stakeholders* e vice-versa.

Sem uma definição universalmente aceita acerca do tema responsabilidade social corporativa, apresentamos ao longo do capítulo, algumas das principais definições propostas na literatura e analisamos suas relações e características no tocante ao posicionamento dos autores sobre o tema. Em seguida, analisamos o impacto de tais questões no cenário das organizações, observando que o crescimento das empresas está cada vez mais submetido ao comprometimento destas em superar os desafios de desenvolvimento sustentável, envolvendo questões econômicas, ambientais e sociais no cerne das suas decisões. Diante disso, algumas propostas são apresentadas como forma de mitigar tais questões. As abordagens apresentadas nesse capítulo procuram condensar um núcleo de ideias oferecendo algumas pistas sobre como lidar com estes aspectos e ao mesmo tempo atuar mais ativamente no estabelecimento das relações sociais em projetos.

Ainda no campo das relações sociais, apresentamos o caso Botnia com o fim de ilustrar a relevância dos aspectos sociais e ambientais e como estes podem influenciar positiva ou negativamente a dimensão econômica deste tripé: economia, sociedade e meio ambiente.

Através das referências utilizadas, podemos observar que se trata de um campo de pesquisa aberto, no qual autores têm se debruçado sobre esta temática, em busca de modelos e métodos que suportem mais consistentemente as questões de sustentabilidade empresarial. Cabe citar que aqui foram relatados apenas algumas das principais iniciativas existentes na literatura e, durante a escrita deste livro, por certo, novos métodos e teorias estão sendo concomitantemente propostos.

Parte II

Um panorama da gestão de stakeholders baseado em uma revisão da literatura

Veremos a seguir:

- Um panorama geral acerca das pesquisas relacionadas à gestão de *stakeholders* .
- Uma breve análise sobre metáforas visuais e como elas podem apoiar processos analíticos na gestão de *stakeholders.*
- Analisaremos alguns conceitos propostos na análise de redes sociais como forma de entender as relações entre as partes interessadas de um projeto.
- Analisaremos a gestão de *stakeholders* na engenharia de software, especialmente no tratamento das questões relacionadas a elicitação de requisitos.

Capítulo 5

Um Panorama Atual da Gestão de *Stakeholders*, Monitoramento, Ferramentas e Técnicas

Entender as relações entre os indivíduos envolvidos em um determinado projeto, seu posicionamento, interesse ou mesmo a propensão de um *stakeholder* em contribuir com os objetivos de um projeto pode ser uma tarefa significativamente complexa[6]. A quantidade de pessoas envolvidas e suas características se inter-relacionam formando um ambiente de rede que se expande para além do conhecimento das organizações, elevando os riscos para as empresas e seus projetos, requerendo ações mais enérgicas na identificação e nas suas ações de engajamento para aumentar o envolvimento das partes interessadas.

Na busca por um modelo ideal para gerenciamento e análise de partes interessadas muitos autores têm se debruçado sobre este tema, contribuindo para a evolução consistente na qualidade das metodologias e formação de boas práticas no campo da gestão de *stakeholders*.

Embora, como já citado, não exista um consenso sobre uma única metodologia[60], pesquisas demonstram que o conceito de gestão de *stakeholders* vem ganhando forte notoriedade. Uma consequência do crescimento do interesse na gestão das partes interessadas tem sido uma expansão simultânea de diferentes perspectivas de investigação[106].

Um dos primeiros trabalhos a ressaltar a relevância do gerenciamento das partes interessadas foi um memorando interno do Instituto de Pesquisa de Stanford que conceituou os *stakeholders* como "*os grupos sem cujo apoio a organização deixaria de existir*"[107]. Mais tarde, outros autores sugeriram incluir nesta abordagem, os grupos ou indivíduos que são afetados pela organização, bem como aqueles que podem afetá-la entre o número de partes interessadas de uma organização[108,109]. Além desta abordagem, Michell[10] propôs em seu modelo um meio para mensurar a relevância dos *stakeholders*, no qual procura-se mitigar as questões pertinentes à priorização dos *stakeholders* no atendimento às suas reivindicações.

No entanto, ainda não há um entendimento comum acerca destas definições e esta falta de clareza quanto à conceituação das partes interessadas reflete-se em vários contextos, entre eles destacam-se: a gestão estratégica, gerenciamento de projetos, ciências políticas, planejamento e responsabilidade social corporativa [5,110,111,112].

O trabalho de Achterkamp e Vos[38] alinha-se com esta afirmação, na medida em que apresenta uma análise das publicações sobre o tema, na qual evidencia-se a pouca atenção dada na conceituação do gerenciamento de partes interessadas no contexto do gerenciamento de projetos. Para esses autores, se não existe uma definição clara dos conceitos de gestão de partes interessadas não é possível determinar se os *stakeholders* relevantes foram plenamente identificados, o que deverá em algum nível, prejudicar o projeto. Outros autores ressaltam em suas pesquisas que embora exista uma ampla literatura que reconhece a relevância deste domínio do conhecimento, ainda existem poucas abordagens sistemáticas para sua operacionalização[38]. Nesta mesma temática, Aaltonen et al[72] argumentam que o gerenciamento de partes interessadas tem grande relevância no sucesso dos projetos, principalmente em projetos de natureza global, e afirmam que o desafio contemporâneo é entender e conciliar os interesses e expectativas das partes interessadas, de forma que estas contribuam para o sucesso do projeto.

Entende-se como fato comum do gerenciamento de projetos identificar várias partes interessadas com interesses diferentes e muitas vezes, opostos[113]. Devido a capacidade limitada do projeto, não se pode atender a todos os intervenientes. O desafio, portanto, centra-se em determinar quais partes interessadas atender em vários estágios do projeto. Deste modo, a identificação e gerenciamento sistemático dos envolvidos tornam-se um fator cada vez mais preponderante para o sucesso dos projetos.

Com foco neste desafio, autores idealizaram mapear e propor soluções para as lacunas encontradas em diversos estudos investigados envolvendo a gestão de partes interessadas[28]. Quatro lacunas principais foram evidenciadas: (1) não há uma lista abrangente dos fatores que afetam o sucesso do gerenciamento das partes interessadas; (2) Uma estrutura sistemática para gestão de *stakeholders* precisa continuar a ser desenvolvida; (3) Uma variedade de abordagens práticas que pode ser utilizada para gerenciamento das partes interessadas não está consolidada; (4) A maioria dos estudos se concentra apenas na classificação dos *stakeholders*, mas poucos procuram analisar o impacto resultante das relações entre partes interessadas em suas respectivas redes de relacionamento[28]. Como resultado dessa investigação, os autores argumentam com base nos estudos que a análise do impacto das partes interessadas atuando através das suas redes de relações tem grande relevância, especialmente no que se refere aos níveis de influência entre os diferentes intervenientes. Embora a pesquisa de gestão de relacionamento confirme a importância destas análises [39,40,46] poucos estudos abordaram esta temática[114].

Aaltonen, Jaakko e Tuomas[72] argumentam que a teoria dos *stakeholders* pode fornecer um conjunto coerente de opções para identificar, classificar, categorizar e analisar as partes interessadas. A Teoria das Partes Interessadas tende a colocar ênfase nos métodos que descrevam como os gerentes de projeto podem gerenciar seus resultados em ambientes turbulentos. Este campo de estudo centra-se na ideia de que os gerentes de projeto podem gerenciar e controlar determinadas situações com o fim de limitar a influência dos intervenientes[10].

Jones identificou três principais abordagens para classificar a teoria dos *stakeholders*: (1) Normativa, configura o núcleo da abordagem do gerenciamento de *stakeholders*, definindo que: "As organizações devem reconhecer a relevância nos interesses diversos das partes interessadas e tentar respondê-las dentro de uma relação de apoio mútuo, porque esta é uma exigência moral"; (2) Descritiva, descrevem-se os métodos e maneiras de aplicar o gerenciamento das partes interessadas e, por fim, (3) Instrumental, que busca aferir os impactos positivos ou negativos do gerenciamento das partes interessadas na organização, em relação às suas metas de desempenho[31].

Kolk e Pinske estenderam a pesquisa de Jones concentrando-se em três temas principais: (1) Identificar a natureza das partes interessadas, (2) Examinar sob que circunstâncias os interessados influenciam as decisões organizacionais e

(3) Identificar diferentes estratégias para lidar com as partes interessadas[32]. Young considera a coleta de dados uma etapa relevante do processo de conhecimento e identificação dos *stakeholders*[34], porém, para Karlsen et al[115] a identificação e análise das partes interessadas são consideradas como as primeiras duas etapas necessárias para a gestão das partes interessadas, ignorando a fase anterior de coleta de informações sobre as mesmas. Estas divergências refletem os resultados apontados por Yang et al[28], que fornecem evidências acerca das características e especificidades vivenciadas em cada contexto da gestão de *stakeholders*, o que, em certa medida, reflete as dificuldades na sistematização destes processos. Diante disso, a rigor, descreve-se que a seleção de métodos deve ser apropriada para uma determinada situação e contexto, dependendo dos recursos do projeto, da sua natureza e dos seus objetivos.

Autores concordam que não ha uma abordagem única ou mais eficaz no que se refere a identificação de *stakeholders*. Em geral, um número de abordagens alternativas é combinado para analisar e envolver as partes interessadas gerando uma solução alinhada ao contexto em cada projeto. O gerenciamento das partes interessadas é um processo emergente, assim sendo, carece de técnicas que demonstrem o estado atual da gestão e sua evolução, monstrando os avanços nas relações e os níveis de interação com seus públicos de interesse[113]. Esta difusão nas técnicas de gerenciamento parece ser potencializada pela falta de um modelo de processo formal para gerenciamento de *stakeholders*. Embora vários estudiosos tenham proposto diferentes abordagens[40,27,34], autores, em geral, concordam que poucos têm tentado consolidá-las em abordagens práticas de gerenciamento.

Ackermann e Eden[116], investigam como as equipes de gestão podem gerir as suas partes interessadas de forma eficaz, de modo a realizar seus objetivos estratégicos. Duas principais temáticas norteiam a pesquisa, (1) a identificação das partes interessadas e (2) as estratégias para seu melhor gerenciamento. Na identificação das partes interessadas, procurou-se utilizar o contexto organizacional para reconhecer a singularidade de cada parte interessada específica, denotando sua importância para o cenário. No que se refere à estratégia, foi proposta uma análise combinada do poder, interesse e influência de cada parte interessada.

Com uma abordagem similar, os autores Kamal, Weerakkody e Irani[43] analisam a influência dos *stakeholders* internos e externos através dos processos de identificação e análise das partes interessadas em um projeto de tecnologia. Para apoiar os processos de identificação, esses autores procuram, na teoria dos *stakeholders*, os fundamentos necessários para construção desta prática. Segundo eles, as definições de Freeman[5] e Mitchell[10] são utilizadas, assim como, o modelo de relevância dos *stakeholders* e sua abordagem dinâmica e sensível as intervenções sociais.

Autores argumentam ainda que como o modelo de classificação é considerado como um ponto de partida para a identificação das partes interessadas é preciso ajustá-lo à situação para a qual ele será utilizado. Cleland[57] apoia esta afirmação na medida em que destaca a importância da identificação, classificação, análise e formulação da abordagem para a gestão das partes interessadas e segue afirmando que a literatura de gerenciamento de projeto tende a caracterizar as partes interessadas de acordo com o seu papel no projeto como: cliente, contratante, patrocinadores, etc. Por outro lado, há contra-argumentação de que uma parte interessada pode ser qualquer pessoa ou organização. Neste contexto, a divisão típica proposta por Freeman[5] tem significativa relevância. Como já vimos, a abordagem consiste em dividir as partes interessadas entre internas ou primárias, composta de membros do projeto e externas ou secundárias, composta de todas as pessoas ou grupos cujas vidas ou ambiente são afetados pelo projeto, mas que não recebem nenhum benefício direto a partir dele[117].

Achterkamp e Vos afirmam que um modelo de classificação só pode ser eficaz na prática, se for suportado por um procedimento de identificação adicional[38]. Esses autores aplicaram esta argumentação ao propor o desenvolvimento de um método focado na identificação de partes interessadas específico para processos de inovação. Tal método consiste em um modelo de classificação que especifica quatro papéis para agrupar as partes interessadas, (1) cliente, (2) responsável pelas decisões, (2) designer de processos de inovação e (4) atores passivamente envolvidos. Achterkamp e Vos argumentam que um processo de classificação é necessário para permitir a correta identificação das partes interessadas, neste contexto, o modelo proposto por Mitchell[10], envolvendo o poder, legitimidade e urgência pode ser útil, assim como, a abordagem clássica proposta por Freeman.

Todavia, cabe elucidar que classificar não é o mesmo que identificar, além de uma definição das partes interessadas, a atenção deve ser dada à forma como os atores reais posicionam-se dentro dessas classes e quais os critérios determinados para classificá-los. Numa perspectiva empírica, Freeman relatou que as principais partes interessadas ocupam uma posição central e tem ligações diretas com todas as demais e afirma que, em geral, possuem informações mais completas sobre as suas expectativas[5], levando-nos a crer que as informações mais relevantes poderiam ser coletas apenas a partir dos *stakeholders* centrais. No entanto, esta perspectiva foi desafiada por outros estudiosos. Crane e Livesey afirmaram que as partes interessadas que cercam os *stakeholders* principais são influenciadas por este mesmo grupo, denotando a necessidade de uma análise mais abrangente[118].

Para auxiliar o processo de priorização, sugere-se que a análise dos impactos das partes interessadas seja realizada também através do núcleo de avaliações subjetivas sobre as características das partes interessadas, no qual destaca-se novamente o modelo de relevância dos *stakeholders* de Mitchell[10], para alcançar tais objetivos. Adicionalmente, King et al[119] retratam que as relações de influência podem ser tratadas através das técnicas de comunicação mediadas por computador (CMC), experimentos demonstram que a aplicação de técnicas computacionais, pode ser valiosa especialmente no contexto de projetos globais.

Ao analisar uma ampla gama de trabalhos no campo da gestão de *stakeholder* pudemos identificar a forte influência de algumas abordagens e estudos propostos, de modo que, muitos destes estudos têm fundamentado as bases pelas quais novas teorias são propostas.

Neste contexto, o modelo de relevância dos *stakeholders* proposto por Michell[10] exemplifica esta afirmação, demonstrada através da perenidade e alinhamento desta abordagem com as questões reais do gerenciamento das partes interessadas.

Fundamentalmente, o modelo proposto por Michell[10] procura desenvolver uma tipologia que se divide em três atributos principais, a saber: (1) as partes interessadas que têm o **poder** de influenciar a empresa, (2) qual a **legitimidade** no relacionamento dos *stakeholders* com a empresa, e (3) qual a **urgência** da reivindicação de partes interessadas sobre a empresa. Estes três atributos estão interligados com o fim de classificar cada interveniente em relação aos objetivos da empresa ou projeto. As interseções representam o resultado da combinação destes arquétipos principais, criando sete classificações secundárias.

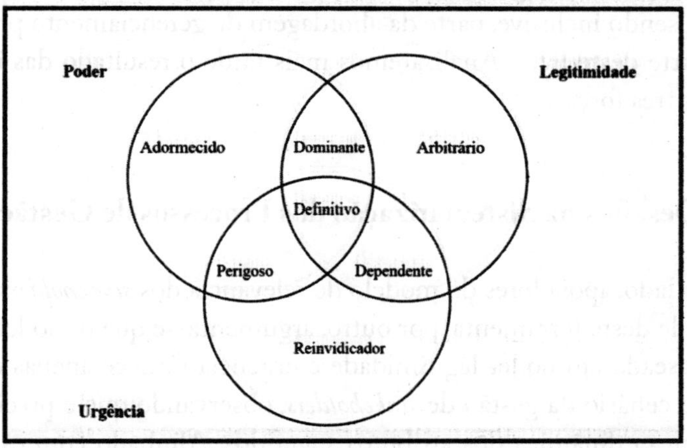

Figura 6: Modelo de relevância dos *stakeholders*[10]

Para Mitchell[10] o conceito de poder baseia-se no estudo de Salancik e Pfeffer[120], como "*a capacidade daqueles que possuem o poder de trazer os resultados que desejam.*" Complementarmente, em Aaltonen e Kujala[76], os autores argumentam que três formas de poder são comuns, (1) coerção, baseada na força (2) utilitária, baseada em material ou incentivos e (3) normativa, baseada na influência simbólica. Para Freeman e Reed[107] os interessados têm poder formal, tanto econômico quanto político. Quanto a sua legitimidade, é fundamentada no trabalho de Suchman[121], que define como *"Uma percepção generalizada ou suposição de que as ações de uma entidade são desejáveis ou apropriadas dentro de algum sistema socialmente construído de normas, crenças e/ou definições"*. Aaltonen e Kujala referindo-se ao gerenciamento de projetos, observam que a legitimidade aumenta quando a parte interessada tem ligação contratual com o projeto[76], o que de certa forma, oculta os interesses dos *stakeholders* secundários, que não têm esta relação contratual, mas podem ter os meios para influenciar no projeto. Para os autores, embora a legitimidade de um *stakeholder* secundário tenha baixa relevância para o gerente de projeto, sua exclusão dos processos de decisão aumentará sua legitimidade ao longo do ciclo de vida.

Já o conceito de urgência é definido como "*o grau em que as reivindicações dos intervenientes demandam atenção imediata*". Baseia-se na sensibilidade entre as dimensões, tempo e criticidade, configurando as duas principais dimensões da urgência[10]. Esta abordagem terminou por inspirar muitos dos modelos aqui propostos, sendo inclusive, parte da abordagem de gerenciamento proposta na terceira parte deste livro. Analisaremos mais tarde o resultado das interações entre estas três forças.

Alguns Desafios na Sistematização dos Processos de Gestão

Se por um lado, apoiadores do modelo de relevância dos *stakeholders* relatam a versatilidade desta ferramenta, por outro, argumenta-se que o modelo de relevância[10] baseado em poder legitimidade e urgência fornece apenas uma visão estática do cenário da gestão de *stakeholders*, observando que é preciso entender a natureza dinâmica dos atributos sugeridos. Alinhado com esta análise, Achterkamp e Vos[38] argumentam que os gestores podem identificar as partes interessadas em diferentes fases de um mesmo projeto, por exemplo, quando os resultados do projeto são implementados.

Se diferentes partes interessadas podem desempenhar um papel de destaque em diferentes fases de um projeto, então, essa é uma realidade que requer ajustes cruciais nas metodologias tradicionais. Yang[42] sugere a realização da análise de partes interessadas fundamentada em duas etapas: (1) a identificação das partes interessadas, que se refere a seleção dos *stakeholders* com o fim de identificar seus interesses e a (2) priorização das partes interessadas, que consiste em analisar a influência das partes interessadas sobre um dado projeto. Para o processo de análise de partes interessadas, os autores sugerem que os *stakeholders* podem ser classificados utilizando abordagens como: (1) O **empirismo,** denotando que o conhecimento só pode ser adquirido, em sua totalidade, pela experiência pessoal ou o (2) **racionalismo,** afirmando que o conhecimento pode ser obtido independentemente da experiência[122].

A proposta dos autores requer o envolvimento do número máximo de partes interessadas, ao invés de apenas um "núcleo de *stakeholders*", de forma que, as decisões possam refletir o relacionamento e as situações reais entre as partes interessadas. No entanto, em projetos de grande porte, tal abordagem pode se mostrar menos eficiente tanto em função do esforço necessário para a coleta de dados, que é de fato imprescindível para a correta classificação, como no tempo necessário para tal. A natureza dinâmica dos projetos pode imprimir um ritmo que dificultaria a manutenção e consistência das informações.

Para superar essa dificuldade, abordagens como Bola de Neve[14] e Círculo de *Stakeholders*[27] tendem a ser mais versáteis e podem ser utilizadas durante o processo de identificação dos interessados, especialmente quando integradas a outras abordagens, a exemplo da Análise de Redes Sociais.

Murtaza et al[123] sugerem em seu trabalho, a reunião de 8 (oito) atributos baseados em um amplo referencial teórico como forma de identificar cada parte interessada em um projeto. Os autores argumentam que tais atributos são um extrato de diversas técnicas. Assim, foram selecionados os atributos: poder, influência, legitimidade, urgência, interesse, interação e engajamento, papéis, responsabilidades e requisitos. Os autores apresentam, ao longo do seu estudo, como estes atributos são combinados para gerar um perfil de cada *stakeholder*. Um exemplo disso pode ser a variável interesse e engajamento. Em linhas gerais, quando o interesse de uma determinada parte interessada for alto, a variável engajamento certamente se moverá para níveis mais altos e vice-versa. O monitoramento destes movimentos pode representar uma condição singular tanto para alavancar oportunidades como para mitigar os riscos em um dado projeto.

O Círculo de *Stakeholders*

O círculo de *stakeholders* de Bourne[27] procura fornecer os meios para identificação e priorização dos *stakeholders* no desenvolvimento das estratégias de engajamento. Cinco etapas fazem parte deste método, sendo elas: (1) identificar; (2) priorizar; (3) visualizar; (4) participar e (5) monitorar.

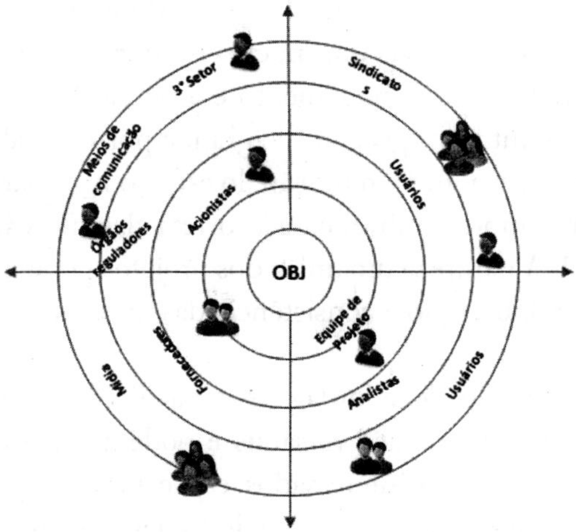

Figura 7: Modelo simplificado, baseado no modelo do círculo de *stakeholders de Bourne* [27]

Para priorizar os *stakeholders*, Bourne[27] adaptou o modelo de relevância dos *stakeholders*, proposto por Mitchell[10] para representar sua perspectiva. Esta abordagem não incluiu o atributo legitimidade, na sua visão, este atributo já é parte integrante do poder. Alinhado com esta análise, Banerjee[124] observa que o critério legitimidade refere-se muito mais a uma característica econômica do que social, abrindo espaço para que os gerentes de projeto enfatizem convenientemente áreas cujas representações econômicas sejam mais claras. Assim, Bourne[27] propõe três atributos principais, a saber; (1) Poder, que consiste no poder de influenciar o trabalho dos outros, (2) Proximidade, que analisa a natureza das relações com outros *stakeholders* e (3) Urgência, que procura mensurar o comprometimento para consecução dos objetivos. Estudos empíricos demonstraram ainda que o atributo legitimidade mostrou-se impreciso e de difícil mensuração, o atributo "proximidade" foi, portanto, utilizado na prática[28]. Este ajuste no modelo representa um avanço no Desenvolvimento do estudo das relações sociais na gestão de *stakeholders*.

Matriz de Interesse

Outra metodologia foi proposta por Daft e Weick[25], nesse trabalho, os autores propõem a classificação dos *stakeholders* através de um modelo baseado em matriz, esta abordagem sugere a adoção de dois eixos distintos: (1) representados pelas crenças da equipe de gerenciamento de projetos sobre a capacidade de analisar o ambiente externo das partes interessadas. Esta dimensão aborda basicamente as divergências encontradas na literatura e na prática acerca da existência de um modelo sistemático genérico a ser aplicado para realizar a gestão de partes interessadas. Enquanto o PMI[4] argumenta em seu conjunto de boas práticas um modelo sistemático de gerenciamento de partes interessadas, outros autores argumentam sobre tal impossibilidade, demonstrando a presença de uma relação de causa e efeito que evolui determinando os novos cenários de gerenciamento[125,126]. Achterkamp e Vos[127] ressaltam que a utilização de uma classificação predefinida das partes interessadas não é uma boa estratégia, pois não reflete garantias acerca da qualidade dos processos de identificação; (2) o segundo eixo procura reproduzir como o projeto se envolve no ambiente das partes interessadas externas. Basicamente, enquanto alguns gerentes de projeto trabalham no gerenciamento dos conflitos de forma contínua, outros tentam encapsular as influências e agir apenas quando ocorre um conflito. Sobre esta última possibilidade, vale ressaltar que o engajamento precoce das partes interessadas, seus anseios, necessidades e transparência de um projeto em sua fase de planejamento têm sido enfatizados por muitos autores como um importante fator de sucesso na manutenção e perenidade das relações entre os *stakeholders* e os projetos[128,68].

Processos de Gerenciamento

Os autores Jepsen e Eskerod[26] alertam que é preciso entender claramente as expectativas das partes interessadas para só então elaborar os planos de ação, com o fim de influenciar positivamente o posicionamento destas mesmas partes interessadas em relação à organização ou projeto. Entretanto, a literatura contemporânea oferece poucas diretrizes práticas para atingir estes objetivos, assim, os autores buscaram elaborar e propor um conjunto de diretrizes para apoiar tais inciativas. Fundamentalmente, o método proposto consiste em três macroatividades fundamentais:

A primeira, consiste em identificar as partes interessadas, neste ponto, sugere-se que a identificação das partes interessadas pode ser realizada por meio de seções de *brainstorm*, grupos focais, entre outros métodos. Como forma de viabilizar o livre pensamento durante os processos de identificação das partes interessadas, Bryson[108], apresenta em seu estudo um conjunto de 15 técnicas para suportar os processos de identificação, todas baseadas nos métodos de entrevistas e *brainstorms* não estruturados. Embora os modelos baseados em *brainstorms* sejam amplamente discutidos e aceitos, suas limitações têm levado pesquisadores a debruçar-se sobre outros modelos de coleta e identificação de *stakeholder*. Neste contexto, Achterkamp e Vos [129] fazem uma primeira tentativa de superá-los utilizando o pensamento sistêmico. Nesta abordagem, os autores procuram analisar além da categoria dos *stakeholders*, o seu papel no tempo. Embora ainda seja centrada no *stakeholder*, esta mudança já fornece uma visão holística acerca das partes interessadas, suas relações e interesses. A abordagem do pensamento sistêmico consiste na mudança do modo de pensar, abstraindo e transcendendo as barreiras do domínio, a fim de constituir-se de uma percepção mais ampla e holística.

Em termos práticos, esta visão permite uma análise interdisciplinar do problema, fornecendo insights que podem ajudar a inferir determinadas características dos *stakeholders* que independem do domínio ou contexto em análise. Desenvolvida no departamento de sistemas da Universidade de Lancaster o *Soft System Methodology* (SSM) figura entre as mais populares metodologias de pensamento sistêmico da atualidade.

A segunda atividade consiste na caracterização dos atores para identificar as contribuições necessárias em relação às expectativas, as recompensas e ao poder de um determinado *stakeholder* relativo ao projeto. As contribuições necessárias podem ser em forma de produtos, uma atitude positiva ou um comportamento específico como tomar uma decisão favorável. Assim, com o fim de maximizar a eficiência das contribuições e o consequentemente engajamento das partes interessadas, McElroy e Mills[29] propuseram a matriz de *stakeholder*-engajamento, esta matriz aborda: (1) o engajamento de cada parte interessada em um determinado momento no tempo; (2) o tipo de engajamento que o projeto necessita na perspectiva do gerente do projeto, caracterizando-o como necessário ou desejável. Os autores definem ainda os tipos de engajamentos como: oposição ativa, oposição passiva e neutro.

A terceira atividade consiste na decisão sobre qual estratégia usar para influenciar positivamente o *stakeholder*, procura-se identificar os meios para maximizar o apoio e reduzir a oposição no tocante ao cumprimento dos objetivos do projeto. A matriz de engajamento também poderá ser utilizada com esta finalidade.

Em um estudo empírico, McKenna e Metcalfe[130], ratificam esta abordagem argumentando que em alguns casos a mera coleta de dados já teria trazido efeitos positivos em relação ao envolvimento das partes interessadas no projeto. Uma estrutura de entrevistas pessoais entre gerentes de projetos e *stakeholders* mostrou-se eficiente para contribuir no engajamento e influenciar positivamente os *stakeholders*.

Ampliando ainda mais esta análise, Mendelow[131] apresentou em seu estudo, um modelo para explorar o contexto das partes interessadas que avalia o dinamismo do ambiente e o poder da parte interessada em relação à organização ou projeto.

Para o autor, a base fundamental de poder de um *stakeholder* pode mudar em função de mudanças nesta mesma "base de poder". Assim, o modelo apresentado sugere uma relação entre o poder versus dinamismo como principal fator de análise.

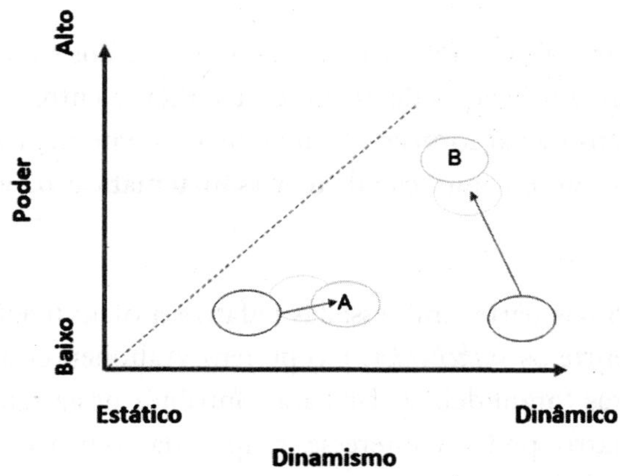

Figura 8: Poder x Dinamismo. Representação baseada na proposta de Mendelow[131]

Nesta matriz, o poder mantém uma variação de baixo a alto e o dinamismo varia entre estático e dinâmico. Assim, em um ambiente estático, há pouca probabilidade de ocorrer mudanças na base de poder, enquanto o ambiente dinâmico pode levar a alterações na base da qual deriva o poder dos *stakeholders*.

Em adaptação ao modelo de Mendelow[131], Johnson, Scholes e Whittington[132] sugerem a modificação do eixo dinamismo para interesse, levando a concepção da famosa matriz de poder *versus* interesse. Tal matriz busca responder, entre outras coisas, a relevância de uma parte interessada para o projeto analisando se esta, por exemplo, tem poder suficiente para exercer as pressões sobre a organização ou seus projetos. Olander e Landin[55] argumentam que esta visão amplia a capacidade dos gerentes de projeto em analisar o cenário das partes interessadas e como sua relação tem afetado ou pode afetar a visibilidade da empresa ou de um determinado projeto empreitado.

Alinhado com o pensamento de Mendelow[131], Bonke e Winch[24], desenvolveram o mapa de *stakeholders*, este modelo inclui os intervenientes, classificando-os entre opositores e defensores, os problemas identificados pelas partes interessadas e as respectivas sugestões de soluções. Os autores argumentam ainda que o mapa de Bonke e Winch[24] permite a análise integrada dos resultados, assim como, suas consequências, constituindo assim, uma nova e importante ferramenta para avaliação dos processos de gestão de *stakeholders*.

A fim de mensurar mais facilmente o poder e interesse dos *stakeholders*, Winch e Bonke[24] sugerem a utilização de uma escala variando entre 1 e 10 para cada atributo. Esta mensuração fornece um meio consistente para informatização do modelo, assim como, a aplicação de teorias matemáticas ou análise de redes sociais.

O gerenciamento das partes interessadas enfatiza a manutenção das relações de longo prazo entre os *stakeholders* e o projeto. Aaltonen et al[72] ressalta que muitas ferramentas foram delineadas para contribuir nesta tarefa, dentre elas destacam-se a matriz poder x interesse[132], aplicada com o fim de analisar a propensão de um dado *stakeholder* promover ou se opor ao projeto e o, já citado, Círculo de *stakeholders*[27], utilizado na identificação das partes interessadas. Entretanto, conforme mencionado, a maioria das análises baseia-se no entendimento acerca do estado atual da gestão de *stakeholders*, de modo que poucos estudos avançam na direção de entender as estratégias que os *stakeholders* utilizam para ampliar sua relevância ao longo do projeto e assim, impor sua influência sobre os objetivos do mesmo. Outros autores propuseram, a partir de avaliações empíricas, diferentes estratégias de influência utilizadas pelos *stakeholders* nas organizações, concluindo que durante as fases iniciais de um projeto, a ocorrência de conflitos pode ser mais iminente, assim, as decisões de planejamento tomadas nas fases iniciais tornam-se fatores condicionantes para as próximas etapas do projeto. Do mesmo modo, poucos esforços parecem ser envidados na identificação das influências ocultas observadas através do mapeamento e análise das relações entre os *stakeholders* e os projetos. Analogamente, observa-se que as relações sociais entre as partes interessadas podem contribuir para a identificação de padrões e sugerir coligações e estratégias de apoio e engajamento dos *stakeholders* aos projetos.

Por fim, Anne Live Vaagaasar[113] procura em seu trabalho delinear as relações entre a gestão de *stakeholders* e o desenvolvimento das competências pessoais, através de um arcabouço teórico que combina a teoria dos *stakeholders* com uma abordagem centrada no aprendizado. Vaagaasar[113] evidencia como as equipes conseguiram maior proximidade de suas partes interessadas pela combinação de perspectivas focadas no desenvolvimento das competências e a própria gestão de *stakeholders* e segue afirmando que, ao longo das últimas décadas, tem havido uma crescente ênfase no conhecimento e desenvolvimento das competências na definição dos projetos.

Diante do exposto, observam-se as possíveis contribuições que podem advir da construção de um modelo consolidado para a gestão de partes interessadas, um amplo conjunto de teorias vem sendo delineado, porém a falta de metodologias claras e práticas para sua utilização ainda representam um entrave para sua adoção em larga escala.

Resumo do Capítulo

Neste capítulo foram apresentadas algumas das principais abordagens para a gestão de *stakeholders*, abordando não só aspectos teóricos, mas também, analisando esta temática sob um ponto de vista prático, a partir do qual percebemos alguns dos desafios na composição e proposição de métodos de gerenciamento para a gestão das partes interessadas.

Identificamos na literatura contemporânea iniciativas no campo da gestão de *stakeholders*, muitas das quais foram utilizadas na composição do método a ser apresentado na parte dois deste livro. Como citamos anteriormente, autores vêm envidando esforços na construção de métodos de gerenciamento mais eficientes e a partir destas iniciativas novos modelos de gerenciamento são sistematicamente estendidos e aprimorados. Este movimento tem fortalecido as bases deste campo de gestão, ajudando na composição de métodos e técnicas mais eficientes tanto no tocante ao alinhamento entre pessoas, projetos e empresas, mas principalmente, sob a égide da responsabilidade social, prezando pela inclusão de *stakeholders* internos e externos na manutenção do equilíbrio necessário para a identificação e estabelecimento de relações ganha-ganha.

Nos próximos capítulos, apresentaremos brevemente algumas importantes ferramentas que utilizaremos na parte dois deste livro. Estabeleceremos uma relação entre tecnologia e gestão de *stakeholders* na tentativa de preencher este hiato que se refere a falta de um modelo fim-a-fim para a gestão de *stakeholders*.

Capítulo 6

Visualização de Informações e Metáforas Visuais

Descrevemos neste capítulo alguns importantes conceitos que deverão preparar o leitor para a segunda parte deste livro. Assim trataremos brevemente sobre o que são as metáforas visuais, e como elas podem contribuir na representação gráfica dos dados e das dinâmicas sociais relacionadas aos processos de gestão de *stakeholders*.

A análise de um conteúdo informacional obtido nos processôs de gestão, nos sistemas empresariais ou na própria internet, representa um desafio para obtenção do conhecimento. Ao acessar uma base de dados, por exemplo, um usuário pode ser capaz de obter uma vasta gama de informações, todavia, sua efetividade será diretamente proporcional a sua capacidade de análise, que, pouco a pouco, é reduzida em função da sobrecarga de informações.

Uma abordagem útil para mitigar os desafios na seleção e análise das informações relevantes durante uma busca consiste na utilização de técnicas de visualização[133,134]. Tais técnicas preconizam que o usuário obtenha uma representação visual que viabilize a organização do conjunto de informações seguindo critérios dinâmicos e personalizáveis, embora, em geral, abstraia detalhes do conjunto de informações originais. Fundamentalmente, as técnicas de visualização objetivam representar graficamente os dados de um determinado contexto informacional. A representação visual resultante deve motivar a capacidade de percepção humana através de relações espaciais que contribuam para maior entendimento acerca do domínio estudado.

A definição da técnica de visualização a ser aplicada está diretamente ligada ao tipo de informação que se deseja visualizar. Diante disso, Shneiderman[135] sugere que as técnicas de visualização estão distribuídas entre unidimensionais (1D), bidimensionais (2D), tridimensionais (3D) e multidimensionais (nD), em geral, utilizadas para visualização de estruturas hierárquicas e de relacionamentos.

A complexidade na construção dos sistemas de visualização está relacionada a três fatores: a) a necessidade de criação de uma metáfora visual que permita a codificação visual do contexto informacional com um nível de consistência e qualidade adequados; b) a presença de um mecanismo de interação com o fim de permitir a manipulação dos complexos contextos informacionais; c) a necessidade de implementação de algoritmos geométricos complexos tanto para a criação da representação visual, como para seus eventos de interação.

No contexto da segunda parte deste livro, utilizaremos metáforas visuais com o intuito de revelar as dinâmicas sociais envolvendo os *stakeholders* de um projeto. Entre as técnicas de visualização selecionadas, descrevemos brevemente a seguir:

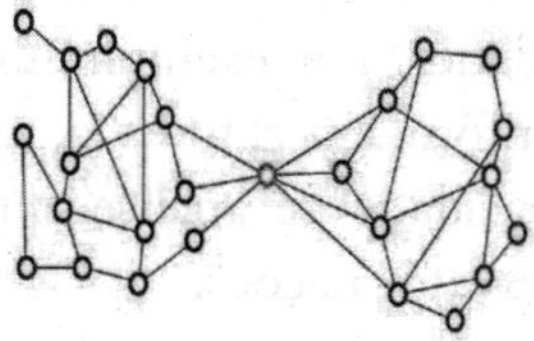

(a) Visualizações baseadas em estruturas de rede. Esta abordagem objetiva representar as redes de relações entre os intervenientes, reproduzindo suas características através de um conjunto de atributos predefinidos e inter-relacionados;

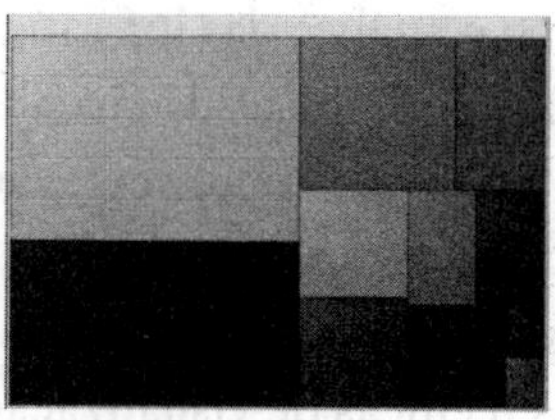

(b) Visualização TreeMaps. Proposta por Johnson e Shneiderman[136], esta abordagem consiste em uma estrutura hierárquica representada pela subdivisão sucessiva de espaços de tela;

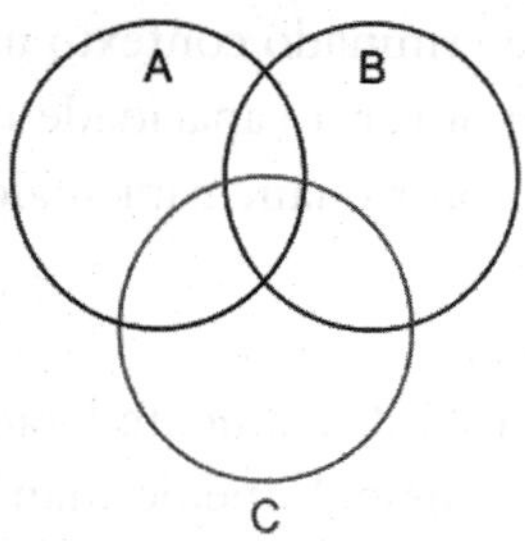

(c) Diagrama de Venn: Fundamentado nos conceitos do matemático John Venn[137], esta estrutura utiliza-se da teoria dos conjuntos para classificar os intervenientes em função dos atributos, evidenciando assim, o seu grau de relevância no contexto de um projeto; Por fim, têm-se a

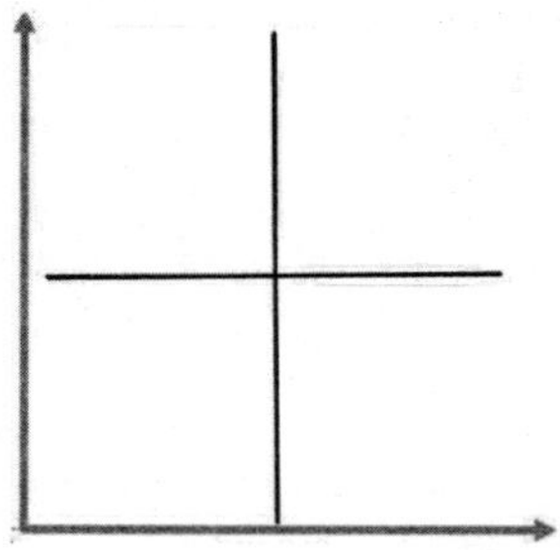

(d) Visualização em Matriz, que consiste, basicamente, em uma estrutura cartesiana, na qual os eixos x e y são utilizados para definir os quadrantes aos quais os intervenientes estão associados. Este método de classificação foi proposto pela primeira vez por Johnson e Scholes[132] tendo grande representatividade no processo de priorização de *stakeholders*.

Espera-se que as metáforas visuais, propostas neste estudo, contribuam para aumentar a capacidade de análise dos gestores, ao passo que, fomentam o alinhamento entre o gerenciamento de projetos e as questões sociais em torno do mesmo.

Resumo do Capítulo

Este capítulo tem como objetivo oferecer ao leitor uma visão genérica acerca do que são e para que servem as metáforas visuais. Como nos diz a sabedoria popular, uma imagem vale mais do que mil palavras. Em alinhamento com este provérbio, esperamos apresentar na terceira parte deste livro, como os recursos de visualização podem contribuir em atividades que vão desde a elaboração dos cenários, passando por análises e visualização de dados nos mais diversos formatos, até a tomada de decisão.

Esta infraestrutura visual produz benefícios não só no que se refere ao rastreamento das informações, mas, principalmente, no tocante à análise e acompanhamento das dinâmicas sociais.

Capítulo 7

Análise de Redes Sociais no Suporte à Gestão de *Stakeholders*

A adoção da *Social Network Analysis* no contexto da Gestão de *Stakeholders* tem como objetivo viabilizar a construção visual das redes de relações entre as partes interessadas, proporcionando o efetivo acompanhamento das dinâmicas sociais em torno de um projeto. Uma análise importante, uma vez que, os *stakeholders* podem modificar seu posicionamento a partir das decisões tomadas por uma organização, ou mesmo, em função dos avanços ocorridos no decorrer do ciclo de vida de um projeto.

Social Network Analysis (SNA) teve sua origem na Sociologia e Antropologia. A abordagem feita em SNA centra-se nas relações entre os indivíduos e procura espelhar questões sobre a representação das dinâmicas e estruturas sociais em um dado cenário de aplicação[138]. Ronald Mitchell, Bradley Agle e Donna Wood, definiram o conceito de análise de redes sociais como um conjunto específico de ligações entre pessoas, com propriedades adicionais que determina as características das interligações[10]. Em Durugbo e Hutabarat[139] argumenta-se que dentro do campo de investigação das redes complexas, a análise de redes sociais (SNA) é a principal abordagem adotada pelos pesquisadores para estudar e compreender as relações, papéis sociais e estrutura social das organizações.

No contexto organizacional, as representações das relações podem ser caracterizadas por redes de amizade, relações informais, relações hierárquicas, dentre outras. Sob o aspecto cognitivo, Ware ressalta que o poder da visualização gráfica potencializa a capacidade de analisar estruturas complexas representadas no mundo real, mais do que por meio da comunicação verbal[140]. Alan Meyer complementa citando que os formatos gráficos têm a capacidade de simplificar os aspectos complexos ou dimensionais de um determinado tema, argumentando que as habilidades cognitivas são mais visíveis quando expostas a este tipo de informação do que quando submetidos a números, textos ou argumentações verbais[141]. Outros autores argumentam, que ao longo dos últimos 20 anos, as redes têm sido fundamentais para a compreensão de fenômenos diversos. A pesquisa de rede tem contribuído para maior compreensão acerca das empresas e seus valores[142,143], as alianças estratégicas[144,145], as diretorias interligadas[146], o conluio[147] e a governança[148]. Analogamente, a pesquisa sobre redes tem contribuído para revelar aspectos-chave acerca das dinâmicas do relacionamento entre as equipes[149], a transferência e troca de conhecimento[150], a influência social[151] e interpessoal[152], analisando tanto o desempenho individual quanto de um determinado grupo. Para Brass et al[153], uma rede consiste em um conjunto de nós que representa uma relação ou a falta dela entre determinados atores.

A fim de esclarecer alguns conceitos, autores apresentam algumas argumentações úteis acerca da utilização das redes sociais no cenário empresarial, das quais, ele inicia citando que (1) as redes foram introduzidas na gestão como uma metodologia descrita como análise de redes sociais, no entanto, este conceito foi criado para representar as relações não necessariamente sociais dentro de uma empresa. As análises das redes são realizadas tipicamente por meio de métodos quantitativos, fundamentados, em geral, pela teoria dos grafos[154]. Tal modelo contribui de várias maneiras para ampliar o conhecimento gerencial dos gestores. Ao analisar a organização sob a perspectiva das redes, os gestores têm a possibilidade de obter uma visão real do funcionamento da organização; (2) em segundo lugar, os autores argumentam que as redes têm sido consideradas como uma abordagem teórica que representa um meio para abordar questões empresariais; e por fim, argumentam que (3) as redes apresentam formas alternativas de representação da hierarquia convencional. Neste contexto, as redes podem subverter as tradicionais visões organizacionais ou departamentais oferecendo novas perspectivas e conexões que juntas foram um novo e rico núcleo de informações que pode contribuir de forma significativa para o desenvolvimento da companhia.

Quando analisadas em ambiente gráfico as redes representam em geral uma ordem lógica, que reproduz as relações entre os agentes, requerendo assim, um tipo mais específico de análise[155].

Brass et al[153], distinguem três tipos de rede de pesquisa com base nos níveis de rede discutidos na literatura, sendo estas: as redes Interpessoais, Interunidade ou Intergrupo e redes Interorganizacionais. Além disso, as redes são diferenciadas pelo foco no qual a pesquisa se concentra, três possibilidades são sugeridas, sendo elas: (1) ênfase nos nós da rede, nestes casos, via de regra, o interesse é entender o funcionamento ou a evolução de uma amostra; (2) análise das relações, neste contexto, os esforços concentram-se em analisar o padrão das relações entre os pares de nós que pertencem a mesma rede, neste caso, a análise pode estar relacionada com questões pertinentes à confiança, evolução, antecedentes, com foco em todas as relações do grupo; e o terceiro tipo (3) concentra-se em capturar o ambiente no qual os atores são colocados, analisando como este ambiente pode afetar os resultados de uma decisão ou projeto. Autores concordam que as decisões gerenciais são tomadas com base em aspectos como: habilidade cognitiva, nível de especialização e, sobretudo, através de estratégias individuais[142,156,157]. A abordagem de rede pode confirmar esta observação na medida em que analisa a forma como os indivíduos estão ligados uns aos outros por meio de relações interpessoais.

Analisando estes conceitos sob a perspectiva da análise de partes interessadas, observa-se certa adequação no que se refere aos esforços direcionados para interpretar o comportamento social de um conjunto de indivíduos. Corroborando com esta afirmação, Yang et al[28] aponta em seu trabalho evidências que demonstram que a análise do impacto das partes interessadas atuando através da "rede de relações" tem significativa importância. Todavia, embora a pesquisa de gestão de relacionamento ser confirmada como relevante[39,40,46], para os autores, ainda existem poucos estudos sobre como analisar o impacto resultante de redes de relacionamento das partes interessadas[114]. Um motivo para esta afirmação pode estar relacionado ao trabalho de Durugbo et al.[139], no qual os autores atentam para a falta de indicadores específicos para aferir os níveis de colaboração em uma rede social. Chinowsky et al.[158] e Cross et al.[159] sugerem que a colaboração é subjetiva, impossibilitando a realização de aferições quantitativas. Este desafio tem levado pesquisadores a debruçarem-se sobre o tema a fim de preencher esta lacuna. Complementarmente, autores argumentam sobre a dependência das empresas em relação ao conhecimento acumulado das principais partes interessadas, para alcançar e manter sua vantagem competitiva, e sobre como o entendimento acerca das relações pode trazer relevantes benefícios[139].

Cross, Borgatti e Parker[159] apresentam um estudo realizado com 40 redes informais em 23 organizações, concluindo que as relações informais são significativamente relevantes para os aspectos da colaboração em uma organização.

Diante desta evidência, o trabalho de Yang et al[28] utiliza-se do método elaborado por Bourne[27] denominado de Círculo de *Stakeholders* para identificar e priorizar as influências das partes interessadas em um dado projeto. Nesta abordagem, calcula-se a relevância de cada um dos intervenientes com base em uma avaliação feita pela equipe de projeto relativa à análise dos atributos de poder, proximidade e urgência. Todavia, embora o Círculo de *Stakeholders* seja significativamente útil na gestão de relacionamento com as partes interessadas, para os autores é necessário analisar o contexto destas relações. A Análise de Redes Sociais (SNA) é considerada uma ferramenta potencial para este fim[39,14]. A integração destas áreas foi proposta pela primeira vez por Rowley[14] e alguns estudiosos da gestão de *stakeholders* consideram a construção de redes sociais útil para o processo e gestão de *stakeholders* no gerenciamento de projetos[160,39]. Analogamente, Lim e Finkelstein[161] propõem uma metodologia baseada em análise de redes sociais e filtragem colaborativa denominada por StakeRare (*Stakeholder and Recomender assisted method for requirements elicitation*). Trata-se de um modelo com foco na identificação das partes interessadas, no qual através de um grupo inicial, solicita-se a recomendação de outras partes interessadas com o fim de construir uma rede social que integre as partes interessadas como nós e suas recomendações como *links*. Para a priorização dos resultados, uma variedade de medidas de redes sociais é utilizada com o fim de determinar a influência dos diferentes *stakeholders* nos objetivos do projeto.

Entre os métodos de identificação de partes interessadas que fundamentam a proposta de Lim e Finkelstein[161], está o método denominado por bola de neve. Proposto por Goodman[162] este método é utilizado para povoar as redes em grandes configurações de redes sociais ou onde o limite da rede ainda é desconhecido[154,163]. Este método também pode ser utilizado para rastrear influências ocultas em contextos como redes de contatos de negócios, comunidades ou subculturas.

Na abordagem bola de neve, inicia-se com um conjunto de atores, no qual cada um desses atores é convidado a nomear outros. Em seguida, uma nova rede de atores que não faziam parte da lista original é igualmente convidada a nomear outros atores e assim sucessivamente. Conforme o projeto avança, o grupo de atores se acumula. O processo continua até que não haja novos atores identificados, que o tempo ou recursos tenham se esgotado, ou ainda, quando os novos atores identificados estão muito além do estado do mapeamento inicial.

Com uma abordagem mais centrada no ambiente dos *stakeholders* e em suas experiências individuais, Salado & Nilchiani propõem um modelo baseado no pensamento sistêmico para realizar a identificação de partes interessadas[164]. Esse método consiste em modelar de forma abrangente o contexto e comportamento dos interessados, a fim de compreender todas as relações subjacentes, sejam elas simples ou complexas, acerca do ambiente social em estudo. Para tanto, os autores propõem a utilização da metodologia Soft System Methodology (SSM). Fundamentados em uma ampla revisão da literatura, os autores constataram a adequação da metodologia SSM para lidar com problemas de ordem sociotécnica, definir limites, identificar comportamentos e relações ou definir roteiros para uma solução eficaz na identificação das partes interessadas.

Em um estudo de caso conduzido pelos autores, as equipes utilizaram um software para descrever como os intervenientes se relacionam. Os autores atentam para o fato de que a descrição das relações nesta abordagem difere dos modelos baseados na engenharia de software, para os autores, tais modelos geralmente se concentram em modelar o conceito das operações, em especial sobre a modelagem relativa à interação do sistema com seus *stakeholders*. Neste caso, no entanto, a ênfase não é colocada sobre os detalhes da interação, mas sim, em avaliar o contexto em que um sistema se insere. Por outro lado, autores concordam que o uso do pensamento sistêmico, fundamentado nos princípios do modelo baseado na engenharia de software, oferece a oportunidade de transformar o processo de identificação de *stakeholders*, a partir de um modelo tradicional para um modelo centrado na identificação das partes interessadas[165,166].

Complementarmente, autores argumentam que frequentemente a análise de redes sociais é associada à teoria das organizações, sua aplicação em geral visa identificar padrões baseados em aspectos como idade, sexo, raça, entre outros[139]. Basicamente, SNA faz uso da matemática e dos conceitos sociológicos para representar e quantificar a estrutura de uma organização[167,168]. No entanto, Chauvet et al[169] contraria esta afirmação enfatizando que a ênfase das pesquisas neste campo tem sido principalmente colocada em mecanismos teóricos (por exemplo: força dos laços, fortes e fracos) ou conceitos que são transversais às ciências sociais (por exemplo: difusão, influência). Para os autores, uma razão para isto pode estar no alto nível de abstração das redes que impõem dificuldade de transportar tais conceitos para o mundo real.

As análises quantitativas propostas em SNA são baseadas em geral em abordagens (1) sociocêntricas, nos quais grupos e suas interações são estudados, e (2) egocêntricas, abordando o indivíduo e suas relações[170]. Neste contexto, destacam-se alguns atributos, tais como: (a) coesão, que é caraterizada pela ligação entre os vértices e pela análise do caminho entre eles, e a (b) centralidade, caracterizada pela identificação de vértices importantes dentro de uma rede, sendo estes os aspectos mais estudados nesta temática.

A relevância das medidas de Centralidade pode ser explicada em função da sua capacidade de revelar características importantes em um dado cenário social. Neste mesmo contexto, os chamados *cliques*, ajudam a evidenciar os elos que expressam a natureza das relações entre os intervenientes, uma medida que expressa um dos conceitos mais fundamentais da análise de redes sociais, denominada por alguns autores de **coesão social**[154]. Azevedo e Rodriguez argumentam ainda que esta medida contribui para identificar os nós que evidenciam relações com maior grau de proximidade formando grupos que são informalmente denominados por "panelinhas" [171]. Emyrbayer definiu os cliques como: "grupo de atores no qual cada um está direta e fortemente ligado a todos os outros"[172]. Em geral, a literatura de rede assume que os cliques podem representar um grupo específico ou mesmo a movimentação em torno de um determinado problema[173].

Podemos concluir, portanto, que as medidas de centralidade podem contribuir para identificar a influência de um ator na rede através da mensuração da quantidade de conexões que o interligam[174].

Diante disso, Freeman argumenta ainda que a centralidade de uma rede pode ser dividida em três categorias básicas: (a) centralidade de grau, na qual mensura-se a quantidade de laços que um ator possui com outros atores na rede, (b) centralidade de proximidade, a qual se baseia na proximidade ou distância de um ator para outro da rede, (c) centralidade de intermediação, que refere-se às ligações intermediárias que interconectam atores que não estão diretamente conectados[175]. O conceito de centralidade proposto por Freeman tem motivado diversos estudos[176,163,173].

Trazendo a temática para o campo da gestão de *stakeholders*, podemos observar que ao analisar a centralidade de determinado interveniente, pode-se notar que, conforme mencionado, o *stakeholder* mais central não será necessariamente o ator com maior número de contatos diretos. Este cenário pode ser explicado também através do conceito denominado por abertura estrutural [173]. A Figura 9 ilustra tal conceito.

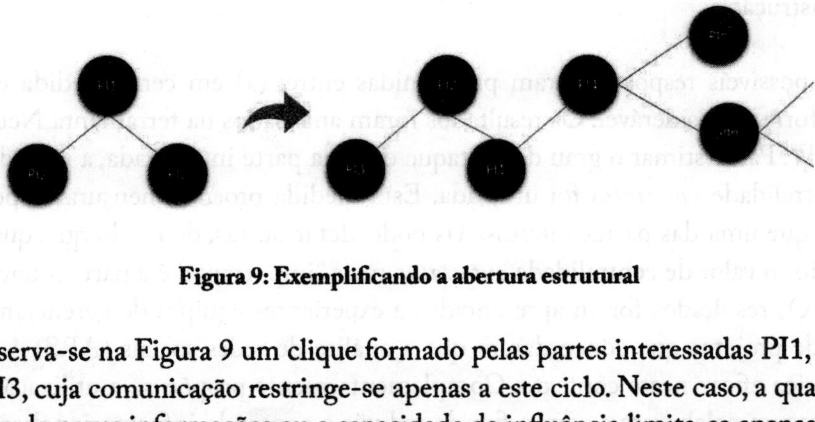

Figura 9: Exemplificando a abertura estrutural

Observa-se na Figura 9 um clique formado pelas partes interessadas PI1, PI2 e PI3, cuja comunicação restringe-se apenas a este ciclo. Neste caso, a quantidade de novas informações ou a capacidade de influência limita-se apenas aos atores deste grupo. Todavia, ao remodelarmos esta rede assumindo que PI1 e PI3 não se comunicam diretamente e incluindo um novo ator PI4, que por sua vez, pertence a outro clique, têm-se uma ampliação significativa na quantidade de informações que passam a permear esta rede. Este efeito se dá em função de dois aspectos, a remoção da redundância e a inclusão de um novo interveniente oriundo de outra sub-rede. Diante disso, pode-se observar que com a mesma quantidade de contatos o interveniente A poderá alcançar um número significativamente maior de intervenientes, a este efeito dá-se o nome de Abertura Estrutural ou, em alguns casos, centralidade de intermediação.

Nota-se, portanto, que os conceitos preconizados pela ARS podem ser aplicados aos mais diversos campos de atuação, trata-se de um campo de pesquisa ativa e tende-se a acreditar que os recursos oferecidos por esta metodologia podem contribuir significativamente para ampliar o entendimento acerca das dinâmicas sociais no cenário da gestão de *stakeholders*.

Evidências quanto à aplicação das medidas de análise de redes sociais no apoio às investigações no campo da gestão de *stakeholders* já podem ser observadas em alguns estudos [28,139,161,177]. No trabalho de Yang et al[28], os autores descrevem um estudo de caso com o fim de analisar o impacto resultante das relações entre as partes interessadas em suas respectivas redes de relacionamento frente aos objetivos de um projeto. Durante o estudo, os autores descrevem que um questionário de pesquisa foi distribuído ao grupo de intervenientes no qual era especificada a seguinte questão: "Informe na lista de indivíduos, quais destes modificaram ou influenciaram suas atividades no projeto durante a fase de construção".

As possíveis respostas foram predefinidas entre: (a) em certa medida e (b) de forma considerável. Os resultados foram analisados na ferramenta NetMiner[178]. Para estimar o grau de destaque de cada parte interessada, a medida de centralidade *out-status* foi utilizada. Esta medida procura mensurar o ponto em que uma das partes interessadas pode afetar outras, de modo que, quanto maior o valor de centralidade *out-status*, mais "importante" é a parte interessada. Os resultados foram apresentados a experientes equipes de gerenciamento de projetos que concordaram que a análise de redes sociais (ARS) é uma técnica eficaz neste contexto. Complementarmente propõe-se a utilização da filtragem colaborativa com o fim de reduzir o conteúdo informacional com o qual os *stakeholders* estariam expostos no início dos projetos. Esta abordagem consiste na utilização de técnicas que objetivam filtrar grandes conjuntos de informação com base em determinados padrões[179]. Sistemas de filtragem colaborativa baseiam-se em um conjunto de avaliações classificado pelos usuários como entrada, esta classificação é utilizada para prever avaliações não determinadas, utilizando as previsões para criar listas de itens que são personalizadas para cada usuário.

Para produzir tais previsões, os sistemas de filtragem colaborativa utilizam-se de uma variedade de algoritmos, dentre estes destaca-se um dos mais conhecidos, denominado por *k-Nearest Neighbour* (kNN)[180 181], ou algoritmo do vizinho mais próximo.

KNN é usado para identificar usuários da mesma opinião com histórias de classificação semelhantes, a fim de prever a classificação para os pares de usuários acerca de elementos não identificados nas primeiras análises[181].

Através desta revisão de estudos correlatos, pôde-se observar a relevância e adaptabilidade dos conceitos preconizados na análise de redes sociais, quando aplicados à gestão de *stakeholders*. Corroborando com esta afirmação, Prykr e Pearson complementam citando que a flexibilidade proposta pelos conceitos de SNA garantem, em certa medida, a capacidade de ampliar os conceitos básicos da gestão, fornecendo uma estrutura capaz de atender interesses diversos[182]. Fundamentalmente, as teorias que vêm sendo delineadas tanto na gestão de *stakeholders* quanto na análise de redes sociais, parecem complementares no que se referem aos interesses voltados para o entendimento do indivíduo, seus anseios e expectativas.

O aumento significativo da influência dos intervenientes, observado nos últimos anos tem impelido as organizações a adotarem posturas mais consistentes e responsáveis, sob pena de pôr em risco a perenidade dos seus negócios.

Resumo do Capítulo

Neste capítulo passeamos por alguns conceitos da análise de redes sociais (ARS) com o fim de identificar pontos de apoio para os processos de gestão de *stakeholders*. Como vimos ao longo do texto, muitos autores estão se debruçando sobre esta causa, o que denota, em certa medida, as oportunidades que este campo pode representar para a sistematização de processos ou desenvolvimento de metodologias mais eficientes na gestão de partes interessadas.

É certo dizer que as relações sociais representam o pilar de sustentação de todo contexto da análise de partes interessadas, assim, podemos concluir que todo esforço para garantir o maior entendimento possível sobre esta perspectiva é, sem dúvida, um bom investimento e os conceitos propostos pela análise de redes sociais pode ser um ponto de apoio importante nesta jornada.

Os trabalhos apresentados neste capítulo nos oferece um panorama da análise de redes sociais e sua aplicabilidade em diferentes contextos. Sob a perspectiva da gestão de *stakeholders*, foi possível observar que apesar do grande alinhamento entre as áreas, alguns desafios ainda precisam ser superados. Dentre eles podemos destacar as questões ligadas à construção de métricas que dependem diretamente da aferição dos resultados coletados junto aos *stakeholders* e seu ambiente. O desafio, portanto, centra-se na construção de modelos para coleta de dados que permitam a aplicação de cálculos, análises matemáticas e a consequente sistematização dos processos de gestão de *stakeholders*.

Capítulo 8

Gestão de *Stakeholders* Apoiando as Práticas da Engenharia de Software e Elicitação de Requisitos

O gerenciamento de projetos tem um papel relevante no processo de construção de softwares. Assim como as áreas de testes ou engenharia de requisitos, o gerenciamento de projetos procura mitigar os riscos e promover os meios para alcançar os objetivos almejados[6], abarcando entre suas atividades gerenciais os aspectos econômicos de um projeto, passando por habilidades, competências, além do acompanhamento contínuo até a sua conclusão.

Todavia, por natureza, um projeto é único, e como já vimos, apesar desta diferença ser em grande parte definida pela conformidade dos resultados, escolhas e decisões tomadas acerca de aspectos tecnológicos ou metodologias, o fator determinante para fazer com que um projeto não se repita são as pessoas[47]. Fato que remete ao cerne da questão em discussão, a relevância das partes interessadas para o sucesso de um projeto.

Em 1989, Barry W. Boehm e Rony Ross propuseram uma teoria para gerenciamento de projetos de software que se harmoniza em grande medida com a ideia central daquilo que propomos para a gestão das partes interessadas. Conhecida por Teoria W, esta teoria preconiza, além de outros princípios secundários, que o gerente de projeto deve empenhar-se para tornar vencedores todos os envolvidos no projeto[47], referindo-se ao atendimento dos desejos e necessidades dos indivíduos participantes. Cabendo, portanto, ao gerente de projetos, quando possível, convergir interesses ou atuar firmemente nas negociações que elevem o grau de satisfação de todos os envolvidos, conferindo-lhes a esperada sensação de vitória, proposta na teoria.

É possível observar o alinhamento da Teoria W com os princípios preconizados nas teorias ligadas à Gestão de *Stakeholder*[5], além de sua aderência às diretrizes do desenvolvimento sustentável, uma vez que, coloca ênfase nas reações entre os diversos intervenientes de um projeto. Neste contexto, atividades como identificação, classificação, priorização e análise das partes interessadas podem fundamentar em larga escala os interesses defendidos por esta teoria[164].

A gestão de *stakeholders* no âmbito dos projetos de software pode contribuir significativamente para o aumento da qualidade do produto final. A possibilidade de entender, analisar e gerenciar interesses e expectativas dos envolvidos pode contribuir para um maior engajamento dos interessados aos objetivos do projeto, resultando no aumento da qualidade do projeto e do produto[6]. Corroborando com esta análise, os autores Salado e Nilchiani[164] argumentam que o conceito de partes interessadas vem sendo o componente principal de diversos estudos, o que levou a rápida adaptação das suas práticas para o campo da engenharia de sistemas[183]. Para alguns autores, a identificação das partes interessadas é de suma importância para reduzir a incerteza inerente ao desenvolvimento de software, afirmando que de fato, a qualidade na elicitação de requisitos está diretamente ligada à integralidade e exatidão das partes interessadas identificadas[184,185,186,187].

Autores concordam que o entendimento dos objetivos e regras de negócio em um projeto de software é tarefa crítica para seu sucesso e afirmam que a engenharia de requisitos aborda metodologias diversas para garantir maior assertividade na coleta de informações que facilitem esse entendimento. Todavia, as análises sociais propostas pela gestão de *stakeholders* podem contribuir para mitigar os desafios relacionados a questões como: "Quem, entre as partes interessadas externas, está mais habilitado para fornecer um dado conjunto de requisitos?". Ou ainda, "Quem no conjunto de *stakeholders* internos está mais habilitado a realizar a coleta e análise dos requisitos de um projeto?". Complementarmente, muitos pesquisadores argumentam que a participação do usuário está intimamente ligada ao sucesso do sistema[186,184]. A principal razão para esta afirmação é que o usuário possui conhecimento sobre o que é necessário para tornar uma determinada solução de software alinhada e eficaz. Outro motivo para a participação do usuário persiste no fato de que isso contribui para o seu envolvimento, assim, conforme aumenta o seu engajamento com os objetivos do projeto, ele se sente mais responsabilizado pelo seu sucesso.

Vários pesquisadores identificaram a importância dos papéis que os atores desempenham no desenvolvimento de sistemas de informação[9,129,108], embora ainda exista pouca literatura abordando formas sistemáticas de maximizar este engajamento.

Outros trabalhos descrevem a engenharia de requisitos como uma série de etapas, incluindo elicitação, análise, especificação, validação e gerenciamento[188,189]. Além disso, três das categorias mais importantes de problemas que afetam a correção dos requisitos de software são definidas na literatura, sendo elas: os ganhos, a compreensão e a volatilidade[189,190]. Analogamente Raghu[191], refere-se à engenharia de requisitos como uma disciplina que surgiu quando se tornou evidente que a qualidade das especificações de requisitos é fator condicional na prevenção de muitas das causas que levam a falhas de software. Assim, os esforços empregados durante a fase inicial de um projeto têm grande repercussão e também são mais rentáveis do que outros esforços realizados a posteriori. Compreender os desejos das partes interessadas e suas necessidades, também foi tema da 14th IEEE International Requirements Engineering Conference[192].

Corroborando com esta análise, Lim e Finkelstein argumentam que o levantamento de requisitos é a atividade de engenharia de software em que as necessidades das partes interessadas são compreendidas[161]. Todavia, para eles, os métodos atuais não conseguem adaptar-se a projetos com um grande número de partes interessadas[193]. Gerentes de projeto lutam para usar esses métodos em grandes projetos. Inevitavelmente, as partes interessadas são omitidas e os seus requisitos negligenciados. Com isso, os usuários tornam-se frustrados quando o software não condiz com as suas expectativas. Glinz e Wieringa[184] apresentam de forma genérica alguns caminhos para aprimorar as relações entre os *stakeholders* em projetos de software. Para eles, em primeiro lugar, deve-se reconhecer as partes interessadas em função da sua relevância, neste ponto, alerta-se para o fato de que nem todas as partes interessadas têm relevâncias iguais. Assim, torna-se imprescindível a aplicação de técnicas para mensurar tais níveis de relevância. Os autores propõem uma análise baseada na seguinte questão, "Quais impactos podem estar associados ao negligenciar determinada parte interessada?". Richard Woolridge, Denise J. McManus, e Joanne E. Hale apresentam um modelo para avaliar os riscos associados às partes interessadas. Sua abordagem baseia-se na análise da variação entre o engajamento esperado e o desejado, com o fim de analisar a relevância de determinada parte interessada para o projeto em determinado estágio no tempo[194]. Essas variações são uma fonte valiosa para identificação de riscos e seus correspondentes planos de mitigação.

Adicionalmente, argumenta-se que a entrada inadequada das partes interessadas é causada, entre outras razões, pela sua seleção e priorização[161]. A omissão de partes interessadas representa um dos erros mais comuns da engenharia de software. Métodos de análise das partes interessadas são susceptíveis a ignorar partes interessadas relevantes. Como os requisitos são extraídos das partes interessadas, omitindo-se as mesmas, os resultados em requisitos serão inevitavelmente deficitários, levando a consequentemente construção de um produto inadequado[161]. Analogamente, autores argumentam que os engenheiros de software precisam identificar, caracterizar e tratar de todos os pontos de vista dos diferentes tipos de partes interessadas[190]. Entretanto, os processos de identificação de *stakeholders*, assim como a identificação de suas necessidades e expectativas, em geral, é mal conduzido em projetos de software[195].

O trabalho de Pacheco e Garcia[196] corrobora com essa abordagem afirmando que a área de Engenharia de Requisitos (ER) é uma parte essencial de qualquer projeto de desenvolvimento de software, consistindo, sobretudo, na busca para definir e analisar o objetivo do produto, suas funcionalidades e limitações das versões finais[197,198,199]. O fato de que os requisitos de software têm um impacto significativo sobre a qualidade do produto final é documentado em diversos trabalhos[200,201,195]. Autores asseveram ainda que a elicitação de requisitos é reconhecida como uma das atividades mais críticas de desenvolvimento de software, sendo bastante provável que a correta identificação das partes interessadas, antecipadamente, contribua para melhorias na forma como a indústria de software realiza os seus processos de elicitação[202]. Por outro lado, Lim e Finkelstein[161] alertam-nos para os perigos da priorização tendenciosa de requisitos, para eles, em geral, esta situação pode ocorrer quando as atividades práticas de priorização dependem de indivíduos que podem não ter uma perspectiva global dos projetos[193],[203]. Embora a literatura sugira que a prioridade nos pontos de vista das múltiplas partes interessadas pode revelar importantes requisitos[189], para outros autores, a tarefa é quase impossível de ser realizada em ambientes com muitas partes interessadas e interesses e exigências conflitantes.

Como consequência, requisitos importantes, conhecidos somente por alguns dos intervenientes, podem se perder no grande universo de informações que cercam as etapas iniciais dos projetos de software.

Pacheco e Garcia argumentam que a ocorrência de problemas identificados na elicitação de requisitos, prescinde da correta identificação dos *stakeholders* e seu engajamento[196]. Relata-se ainda que as relações e formas de comunicação entre a equipe de desenvolvimento de software e o cliente são estabelecidas neste momento, sendo, portanto, fundamentais para construção de softwares alinhados[204],[205]. Todavia, apesar de reconhecida relevância, a identificação das partes interessadas, inclusive o conhecimento acerca de suas necessidades e expectativas, é por vezes ignorado em projetos de software[205,188]. Para Pacheco e Garcia este comportamento pode estar ligado ao errôneo conceito de que esta é uma atividade óbvia ou em virtude das amplas discussões levantadas quando diversas partes interessadas são convocadas. No campo da engenharia de software, pesquisas empíricas vêm sendo conduzidas para investigar estes fenômenos. Argumenta-se que as técnicas tradicionais, como entrevistas e grupos focais, formam a base dos processos de levantamento de requisitos, todavia, embora sejam técnicas eficazes, elas exigem interação direta entre os engenheiros de requisitos e os *stakeholders*, o que de certa forma, inviabiliza a aplicação em larga escala em cenários de grandes projetos. Do mesmo modo, as técnicas de elicitação mais avançadas contribuem para melhorar o entendimento acerca da variedade dos requisitos identificados. Essas técnicas incluem prototipagem[206], as metáforas[207], *storyboards*[208], e as técnicas baseadas em modelos, como casos de uso[209], cenários[210], e meta modelos[211]. No entanto, semelhante às técnicas tradicionais, elas também exigem uma relação presencial, i.e. *face-to-face*, portanto, podem ser inviáveis em grandes projetos [193,212].

Analisando o papel do gerenciamento das partes interessadas nos processos de engenharia de requisito, os autores Pacheco e Garcia[196] procuram posicionar uma visão do estado atual das pesquisas neste campo, buscando investigar como os processos de identificação das partes interessadas podem afetar os requisitos e a consequente qualidade do software a ser desenvolvido. Como resultado desta pesquisa, foram extraídos três aspectos fundamentais abordados pelos autores, sendo eles:

- Sobre os métodos e técnicas para realizar a identificação de partes interessadas na elicitação de requisitos. Os autores concluíram que muitas tentativas têm sido feitas na busca por um método adequado para identificar os *stakeholders*, porém, raramente na literatura, estes processos estão relacionados com a elicitação de requisitos e, afirmam que não parece haver diretrizes ou padrões estabelecidos para guiar os engenheiros de software na identificação das partes interessadas durante o planejamento e a execução dos projetos. Salado e Nilchiani[164] apresentam um debate estruturado sobre a identificação das partes interessadas em projetos de software proposto por Vries, Verheul e Willemse[213]. Em sua proposta, um conjunto de classificações predefinidas é estabelecido, de modo que, a identificação dos *stakeholders* passa pela alocação dos mesmos em função de um conjunto de critérios relacionado ao contexto do projeto;

- O segundo aspecto abordado versa sobre as práticas mais eficazes para a realização da identificação de *stakeholders*, neste contexto, os autores comentam sobre a falta de um modelo mais específico para realizar a identificação de *stakeholders* na engenharia de software. Para eles, as técnicas tradicionais não permitem identificar claramente os intervenientes, acarretando a falta de conhecimento acerca de suas necessidades e expectativas e dando origem a especificações inconsistentes ou incorretas;

- Com relação ao terceiro aspecto, argumenta-se sobre as boas práticas aplicadas aos processos de identificação de *stakeholders*. Nesse contexto, os autores discutem que durante o levantamento de requisitos, a identificação adequada das partes interessadas é de vital importância. Macaulay[214], Zowghie e Paryani[215] corroboram com esta afirmação ao definirem esta etapa como: "*O processo que contribui para a identificação das partes interessadas corretas na engenharia de requisitos*".

Pacheco e Garcia sugerem ainda algumas práticas aconselháveis: (1) atribuir funções apropriadas para as partes interessadas através de uma análise de habilidades, comportamento em dinâmicas de grupo e testes de personalidade. Aspectos que tornariam a identificação de *stakeholders* repetível e verificável; (2) o estabelecimento de uma interação construtiva entre todos os intervenientes relacionados ao projeto de sistema durante o processo de coleta de requisitos. Esta ação procura, sobretudo, evitar os eventuais conflitos e problemas de comunicação provenientes dos diferentes pontos de vista; (3) classificar requisitos oriundos das partes interessadas de acordo com uma avaliação de suas prioridades em relação ao objetivo do projeto[196]. Esta prática também se alinha a estudos que analisam como as limitações de um projeto influenciam na aplicação de técnicas de priorização de requisitos.

Entre as técnicas de priorização, destacam-se entre as mais utilizadas a técnica de atribuição numeral[216,217]. Esta técnica consiste basicamente na atribuição de uma pontuação aos requisitos. No entanto, a variância da escala entre os diversos engenheiros de software pode gerar classificações inconsistentes. Outra abordagem popular é a abordagem comparativa e emparelhada[218], esta abordagem consiste na realização de comparações e atribuições baseadas em uma matriz, além de análises baseadas em noções de custo e valor [217,218].

Entre os métodos mais sofisticados de priorização, destaca-se o modelo de Leffingwell e Widrig[208], conhecido como teste dos 100 pontos, esta abordagem preconiza que a cada parte interessada sejam concedidos 100 pontos, que podem ser distribuídos entre os requisitos, conforme sua conveniência[208]. Os requisitos são pontuados de acordo com a relevância na perspectiva de cada parte interessada. Posteriormente, os requisitos são priorizados com base no total de pontos atribuídos aos mesmos, todavia, uma crítica a esse método refere-se ao fato de que este pode ser facilmente manipulado por partes interessadas que desejam realizar o seu objetivo por motivações pessoais em detrimento aos objetivos do projeto[216]. Já Boehm propõe uma abordagem conhecida como ganha-ganha, nesta, as partes interessadas negociam para resolver as divergências sobre os requisitos, a fim de chegar a um consenso através de uma abordagem que satisfaça um número máximo de envolvidos[47].

Nuseibeh e Easterbrook argumentam que um projeto de software não pode ser bem sucedido a menos que sua percepção de valor seja reconhecida entre os *stakeholders* críticos do projeto[202]. A engenharia de software baseada em valor atribui valores às coisas e conceitos que são utilizados para a tomada de decisões em diferentes situações durante o ciclo de vida do projeto. O conceito de valor foi introduzido pela primeira vez no final dos anos 90, com a introdução da Teoria W[187]. Nos últimos anos, a engenharia de software baseada em valor tem obtido mais popularidade, portanto, é um campo de pesquisa ativo na indústria de software.

Em concordância com os fundamentos desta teoria, Nelson[219] analisa os impactos dos sentimentos e emoções das partes interessadas ao lidar com a tecnologia da informação, para eles, poucos estudos abordam o papel das emoções na tecnologia, muito em virtude da sua natureza analítica e racional[219]. Segundo Lundberg e Young[220] a compreensão dos eventos organizacionais não será completa se as emoções forem ignoradas, uma vez que, estas são questões universais e muitas vezes podem influenciar nos assuntos gerenciais. Autores comentam que os conflitos interpessoais podem afetar negativamente os resultados de desenvolvimento de sistemas de informação, mesmo quando bem geridos[221]. Da mesma forma, estudos acerca da influência afetiva nas negociações, demonstraram que os atores com atitudes positivas definem metas maiores e mais ambiciosas para si, formando expectativas ambiciosas sobre as próximas etapas de um projeto, relatando ainda, posicionamentos mais cooperativos, integradores e menos competitivos do que aqueles que se aproximam da situação e atitudes negativas.

Mais recentemente, uma abordagem para gestão de partes interessadas vem sendo proposta por Lim e Finkelstein[161], a metodologia denominada por StakeRare, utiliza as redes sociais e a filtragem colaborativa para extrair os requisitos em grandes projetos. Para os autores, grandes projetos tendem a ser assolados por três problemas: sobrecarga de informações, entrada inadequada das partes interessadas, e priorização tendenciosa de requisitos. Para resolver o problema da entrada inadequada das partes interessadas, StakeRare pretende ser aberto e inclusivo, para que uma amostra representativa dos intervenientes participe dos processos de elicitação de requisitos. Para evitar a sobrecarga de informação, sugere-se a utilização dos mecanismos de filtragem colaborativa para apresentar apenas os requisitos que são relevantes para determinados intervenientes e, finalmente, para evitar a priorização tendenciosa de requisitos, StakeRare produz uma lista priorizada de requisitos com base nas avaliações de cada parte interessada e sua influência no projeto. A influência das partes interessadas no projeto é produzida a partir de uma perspectiva global, utilizando abordagens como a análise de redes sociais e medidas matemáticas através de uma análise computacional.

A literatura mostra que apesar das muitas teorias apresentadas, parece haver uma lacuna no que se refere ao processo de gestão de *stakeholders* no campo da engenharia de software. Conforme afirmado por alguns autores, questões como a natureza racional da atividade de engenharia de software ou as dificuldades relacionadas à interação entre muitas partes interessadas surgem como alguns dos entraves para esta evolução. Por outro lado, este tema apresenta-se como um campo de pesquisa ativa, levando pesquisadores a debruçar-se sobre o tema motivado, dentre outras coisas, pelos benefícios que podem advir de uma integração mais efetiva entre a gestão de *stakeholder* e as abordagens propostas na engenharia de software.

Resumo do Capítulo

Neste capítulo analisamos o papel da gestão de *stakeholders* na engenharia de software e elicitação de requisitos, analisando como estas áreas podem conjuntamente apoiar a construção de soluções de software mais alinhadas aos desejos e necessidade dos envolvidos no projeto.

Com base nos autores que pesquisamos e discutimos neste capítulo, foi possível observar que a proposta de integração entre estas áreas não é em si uma abordagem nova, entretanto, na medida em que alcançamos um entendimento mais amplo acerca do papel das partes interessadas nos projetos, sua influência e aspectos relacionados à capacidade de alavancar ou inibi-lo, nos damos conta do quão complementares são estes domínios e da necessidade de desprender esforços na geração de modelos de integração mais eficientes.

Os trabalhos discutidos neste capítulo nos oferecem uma pista sobre os avanços e desafios advindos da aplicação dos conceitos de gestão de *stakeholders* no gerenciamento e elicitação de requisitos e como a complementaridade destas abordagens pode influenciar positivamente o resultado final do projeto.

Parte III

Ambiente de Visualização e Análises Sociais
Sistematizando Processos de estão de Stakeholders

Nesta terceira parte do livro, veremos:

- A partir daqui analisaremos a metodologia AVAS ou Ambiente de Visualização e Análises Sociais.
- Abordaremos a proposta metodológica do Ambiente de Visualização e Análises Sociais (AVAS) baseada no ciclo de melhoria da gestão dos *stakeholders*: Um conjunto de processos para sistematização dessas atividades.
- Revisitaremos algumas teorias apresentadas nas partes I e II, desta vez com uma abordagem prática e metodologicamente integrada ao Ambiente AVAS.
- E, por fim, apresentaremos uma proposta tecnológica para apoiar a gestão de *stakeholders*. Uma abordagem centrada em sistematizar os processos propostos no ciclo de melhoria, oferecendo um rico ambiente de análise e tomada de decisão no campo da gestão de *stakeholders*.

Capítulo 9

Ambiente de Visualização e Análises Sociais: Uma Abordagem Tecnológica para Suportar a Gestão de *Stakeholders*

Este capítulo apresenta o ambiente de visualização e análises sociais (AVAS). Detalharemos os ambientes, aspectos metodológicos, estrutura e arquiteturas necessárias à confecção de um modelo sistemático de gestão e gerenciamento de *stakeholders*. Além disso, apresentaremos uma ferramenta computacional cujo foco é apoiar todos os processos descritos na metodologia AVAS, oferecendo insights para a resolução de problemas na gestão de *stakeholders* e utilizando a tecnologia da informação como um importante aliado nesta jornada.

Aspectos Conceituais da Metodologia AVAS

O modelo metodológico AVAS – (Ambiente de Visualização e Análises Sociais), consiste em um arcabouço teórico-prático que procura reunir de forma sinérgica um conjunto de abordagens metodológicas, obtido e analisado com base em uma ampla revisão da literatura com aspectos tecnológicos, como forma de sistematizar os processos de gestão de *stakeholders*. Entende-se por abordagem teórico-prática a atuação integrada de atividades voltadas às questões metodológicas utilizadas para fundamentar o Ambiente de Visualização e Análises Sociais ao contexto prático, evidenciado no envolvimento da tecnologia da informação que oferece o suporte computacional à gestão dos *stakeholders* no cenário dos projetos.

Essencialmente, esta abordagem tecnológica fornece o apoio ferramental adequado para suportar o gerenciamento de partes interessadas. A partir integração destas abordagens, emerge um modelo baseado em duas dimensões essenciais, a primeira (1) Conceitual, uma vez que, a proposta a ser apresentada fundamenta-se nos conceitos teóricos do campo da gestão de *stakeholders*, e

(2) Sistêmica, uma vez que, a confecção do ambiente de visualização e análises sociais (AVAS) mantém seu enfoque na sistematização e informatização dos processos metodológicos analisados sob as áreas de planejamento, execução, monitoramento e controle da gestão de *stakeholders* durante o gerenciamento de projetos.

Em termos práticos, procura-se oferecer aos gestores *insights* acerca da construção de um ferramental integrado com o fim de apoiar as decisões de projeto através da inclusão de novas perspectivas baseadas em um dado contexto social. Procuramos contribuir com dois fatores fundamentais do gerenciamento de projetos contemporâneos: (1) o primeiro refere-se a mitigar os riscos provenientes dos conflitos, relações ou mesmo a falta dessas relações em um dado cenário de projeto; (2) o segundo, refere-se ao alinhamento destas práticas com os aspectos da responsabilidade social corporativa e desenvolvimento sustentável. Para Lehtola et al[203] e O'Connor et al[222] tal conceito consiste basicamente na forma de condução das decisões levando em consideração um desenvolvimento social equilibrado entre empresa, projetos e seus *stakeholders*. Ações de engajamento e inclusão das partes interessadas nos processos de tomada de decisão em projetos têm sido amplamente discutidos. Suas contribuições se tornam mais importantes para o sucesso dos projetos na medida em que garantem maior sinergia entre as equipes e a sociedade, o que afeta diretamente a reputação da entidade em relação ao contexto social na qual está inserida.

Esperamos que este modelo forneça os meios para auxiliar atividades como: gestão de mudança, gestão de riscos, gestão de equipes multidisciplinares, elicitação e definição de requisitos, formação de equipes, dentre tantas outras atividades que dependem do apoio e engajamento dos intervenientes através da melhoria constante destas relações. É preciso entender que a solidez destas relações pode contribuir de forma decisiva para o sucesso dos projetos. A construção de relações sustentáveis com base em conceitos amplamente aceitos, como responsabilidade social corporativa ou desenvolvimento sustentável, pode ser aplicada ao gerenciamento de projeto nos mais diversos campos, abarcando áreas como: engenharia de software, ações sociais, políticas públicas, projetos, entre outros.

Ambiente AVAS

O ambiente AVAS está dividido em dois contextos fundamentais, sendo eles: **(1) Metodologia AVAS**, que reúne as boas práticas da gestão de partes interessadas em um conjunto de processos voltado para a prática do gerenciamento de *stakeholders;* e **(2) Plataforma para análise de *stakeholders*** que sistematiza aspectos abordados na metodologia, utilizando-se da tecnologia da informação como forma de contribuir para a sua aplicação no cenário real. A Figura 10 ilustra este modelo.

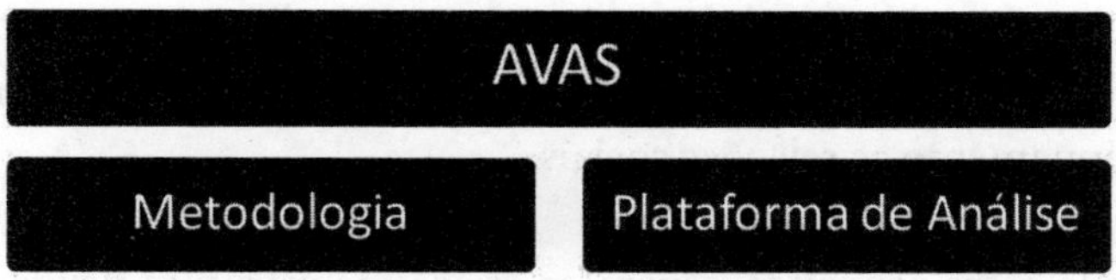

Figura 10: Ambiente de Visualização e Análises Sociais

A integração entre a metodologia proposta e a plataforma de análise objetiva proporcionar um ambiente colaborativo, facilitando a comunicação e interação entre as partes interessadas internas (denominadas também de primárias) e com as partes interessadas externas (ou secundárias). Espera-se com essa interação, promover uma estrutura de análise que enfatize tanto as relações entre as partes interessadas, quanto suas características individuais.

Os processos propostos na metodologia e informatizados pela solução de software deverão abordar a gestão de *stakeholders* por meio de três macro perspectivas, sendo elas: **(1) análise do indivíduo**, que permite identificar quem são os interessados e suas características particulares em relação ao universo dos *stakeholders* de um dado projeto; **(2) classificação**, que define as características dos *stakeholders.* Neste contexto são analisados os impactos do não atendimento dos requisitos de um dado *stakeholder* ou grupo; e **(3) análise da rede de relações,** na qual são utilizados os conceitos de análise de redes sociais e redes de conhecimento, tanto para validar outros métodos de análise da relevância, quanto para identificar e conhecer o universo de *stakeholders* do projeto sob uma perspectiva social. A Figura 11 mostra essa relação processual.

Figura 11: Processo de análise: AVAS

Através desta proposta é concebido um método genérico que possibilita retratar o panorama sustentável de qualquer empreendimento, projeto ou ações sociais que tenham entre suas estratégias o interesse básico de entender e melhorar continuamente as relações sociais.

Considerando estes conceitos, espera-se criar uma estrutura flexível e adaptável, que contribua para gestão de *stakeholders* em diferentes cenários. A criação de um ambiente de visualização e análises sociais (AVAS), em última análise, oferece os meios para mitigar as resistências, integrando pessoas e projetos através do acompanhamento e gerenciamento das suas relações. Tal conhecimento das necessidades e interesses dos *stakeholders* pode oferecer insights importantes para a tomada de decisão, sendo, em alguns casos, fator determinante para sucesso ou fracasso do projeto. Esses conhecimentos devem ser analisados com base em aspectos como realidade social, redes de relações, poder, autoridade ou a propensão de uma parte interessada em contribuir ou não com os objetivos de um projeto.

Resumo do Capítulo

Neste capítulo, abordamos, em linhas gerais, a plataforma AVAS analisando sua composição e como diferentes teorias, métodos e técnicas podem trabalhar integradas para a construção de um modelo sistemático de gerenciamento de *stakeholders*.

O detalhamento dos aspectos conceituais abordados no início deste capítulo nos apresenta um panorama desta integração, na medida em que se argumenta a existência de duas dimensões essenciais, definidas por dimensão conceitual e sistêmica, cuja função é integrar aspectos metodológicos com um conjunto ferramental capaz de promover medições e posterior informatização de dados relativos à gestão de *stakeholders*.

Avançando um pouco mais, abordamos alguns aspectos do ambiente AVAS demonstrando como as dimensões descritas nesta seção são modeladas e inseridas na estrutura arquitetural do ambiente de visualização e análises sociais (AVAS). O modelo mantém seu enfoque na colaboração, integração e gestão baseado em dados obtidos por meio desta mesma arquitetura. Três perspectivas de gestão são definidas como prioritárias na confecção desta estratégia: 1. a possibilidade de realizar análises baseadas no indivíduo, 2. a capacidade de classificação do indivíduo com base em um conjunto de atributos comuns e, por fim, 3. a análise destes conteúdos e dados obtidos em relação ao posicionamento do *stakeholder* em sua rede de relações. Acreditamos que uma abordagem sobre estas questões poderá apoiar o desenvolvimento de projetos, mitigando riscos, na proporção em que se conhece cada vez mais quem são e o que desejam os *stakeholders*.

A partir do próximo capítulo serão detalhadas essas perspectivas, especificando os aspectos dessa integração, ferramentas e técnicas.

Capítulo 10

Metodologia AVAS

A partir daqui, apresentaremos a metodologia que deu origem a este livro. Vamos materializar o escopo metodológico AVAS apresentando suas características, abordagens e referências. Tenham em mente que a metodologia AVAS é sobretudo um compêndio de ferramentais e técnicas estendidas e/ou integradas com o objetivo de compor um modo sistemático de gerenciamento. Estão prontos? Então, vamos lá.

A estrutura conceitual proposta na metodologia AVAS está fundamentada em uma abordagem denominada por **ciclo de melhoria da gestão de *stakeholders***. Este ciclo sintetiza em um arcabouço teórico um conjunto de boas práticas da gestão de *stakeholders* disponíveis na literatura. A confecção deste modelo objetivou representar, por meio de uma estrutura formal e genérica, um ambiente capaz de adequar-se a diferentes projetos em domínios distintos, mantendo o enfoque predominante na melhor gestão de *stakeholders*.

O ciclo de melhoria atua em cinco dimensões distintas da gestão de *stakeholders*, porém complementares, sendo elas: **(1) Identificação**, que tem a função de contribuir na descoberta das partes interessadas em um dado contexto de um projeto, buscando responder "*Quem são os* stakeholders *deste projeto?*"; **(2) Classificação**, que procura classificar as partes interessadas com base em suas características individuais e sociais, em termos práticos busca *"Conhecer melhor cada stakeholder"*; **(3) Priorização**, que tem a função de analisar a relevância dos indivíduos ou grupos diante da consecução dos objetivos do projeto, procura responder *"Quem são os stakeholders principais?"*; **(4) Engajamento**, que preconiza a melhoria contínua dos níveis de engajamento das partes interessadas, buscando responder *"Quais as suas expectativas?"*, e por fim, o **(5) Monitoramento**, que busca acompanhar as dinâmicas sociais em torno do projeto através de um conjunto de indicadores baseado em aspectos como a relevância, posicionamento, poder ou eventuais mudanças nestas bases de poder[131]. Essa dimensão procura responder *"Qual a situação atual do projeto?"*. A Figura 12 representa as dimensões que compõem a estrutura metodológica AVAS.

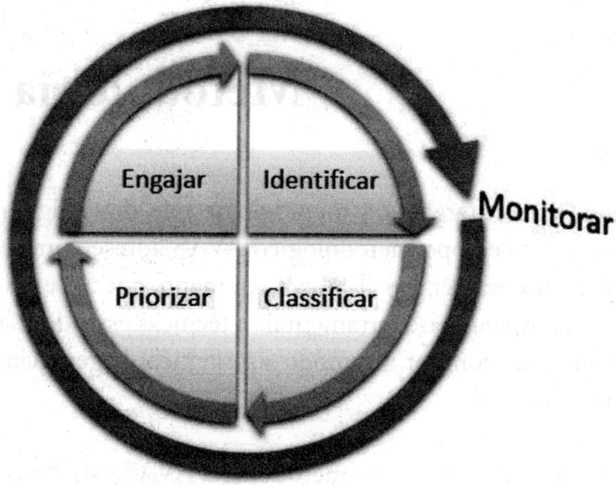

Figura 12: Ciclo de melhoria proposto na metodologia AVAS

A definição destas dimensões se deu com base principalmente na teoria dos *stakeholders* que inclui entre outros métodos a identificação, categorização e classificação das partes interessadas com base em seus atributos e interesses[5]. Essa teoria influenciou as definições de diferentes métodos de classificação ao longo da história [61,69,223,224,2,4].

O motivo pelo qual optou-se por incluir as dimensões adicionais, Engajamento e Monitoramento, quando a maior parte das teorias analisadas sugere apenas duas ou três dimensões como forma de realizar este processo de gerenciamento, dá-se em função do interesse de incluir aspectos ligados à melhoria contínua[225] no contexto da gestão de *stakeholders*. Caffyn e Bessant[225], definem melhoria contínua como um processo "focado na inovação incremental e contínua". Além disso, nesta proposta, as dimensões de identificação, classificação e priorização são o resultado da convergência entre diferentes abordagens teóricas alinhadas com a tecnologia da informação. As dimensões engajamento e monitoramento objetivam, portanto, fomentar o aprimoramento contínuo da qualidade das relações, além de atuar como um indicador que deverá refletir as variações no contexto social analisado, assumindo que tais relações são dinâmicas e estão sujeitas a mudanças que podem ou não impactar nos objetivos do projeto.

Ao longo das próximas seções, serão detalhadas as dimensões propostas na metodologia AVAS apresentando os conceitos e diretrizes que deverão fundamentar a aplicação da tecnologia da informação na composição do ambiente AVAS.

Identificação das Partes Interessadas

Existe um relativo consenso sobre iniciar a gestão de *stakeholders* a partir dos processos de identificação[72,42,26]. Uma razão natural para isso é que todos os processos e atividades de gerenciamento posteriores serão realizados em função dos *stakeholders* identificados nesta etapa. Em contra partida, ao analisar os limites da etapa de identificação dentro das abordagens disponíveis na literatura observam-se significativas variações[43]. Em geral, esses processos podem conter atividades como a classificação, coleta de dados ou em alguns casos até a priorização. Divergências que como já vimos podem ser evidenciadas em outras etapas da gestão de *stakeholders* disponíveis na literatura.

Observa-se ainda, que a relação entre os processos de identificação e classificação mantem uma tênue fronteira. Para Achterkamp e Vos[38], por exemplo, a classificação é considerada como um ponto de partida para a identificação das partes interessadas, enquanto para Vaagaasar[57], a identificação, classificação, análise e formulação da abordagem para a gestão das partes interessadas fundamentaram sua estrutura de pensamento, tratando, portanto, a identificação como uma dimensão separada da classificação.

Acredita-se que a segmentação dos processos de identificação, classificação, priorização, engajamento e monitoramento, possibilitará maior entendimento acerca das entradas e saídas necessárias a cada etapa. Esta ação deverá, por exemplo, promover maior liberdade na aplicação das técnicas de identificação, sem necessariamente impactar nos demais processos de gestão. Essencialmente, tal segmentação consiste no encapsulamento das atividades desempenhadas durante a identificação, de modo que, independentemente da técnica aplicada, sua interação com os processos subsequentes se dará sistematicamente através das suas entradas e saídas.

Outro aspecto importante que pode apoiar as atividades iniciais de identificação consiste no fato de que recomendamos realizar os processos de identificação dos *stakeholders* de dentro para fora da organização, iniciando com os *stakeholders* internos e expandindo-se para além das dimensões da empresa, abordando, portanto, os *stakeholders* externos.

Esta abordagem alinha-se com os conceitos de identificação de partes interessadas propostos pela teoria do círculo de *stakeholders*[27]. O círculo de *stakeholders* enfatiza a proximidade de cada *stakeholder* frente aos objetivos do projeto, desta forma, o centro do círculo representa o macro-objetivo do projeto e a distância de cada interveniente deste centro representa seu grau de impacto nos objetivos. A Figura 13 mostra a dinâmica proposta no modelo.

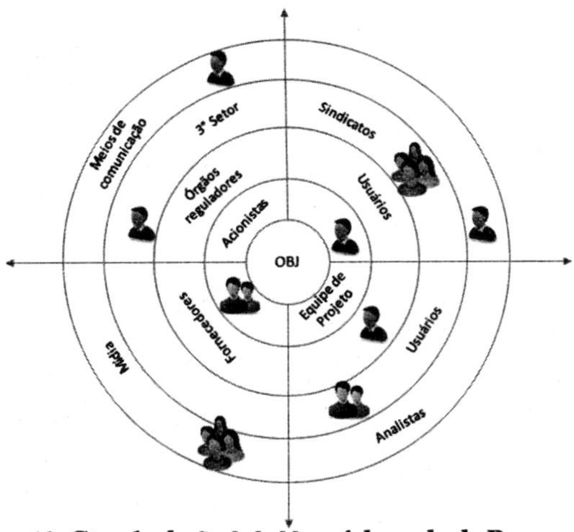

Figura 13: Círculo de *Stakeholders*. Adaptado de Bourne 2005

No contexto metodológico AVAS, sugere-se que os processos de identificação utilizem a mesma abordagem fundamental, propondo apenas algumas variações do método original. Neste contexto, sugere-se que as análises baseadas no círculo dos *stakeholders* tenham como foco central, não apenas os macro-objetivos do projeto, mas também as entregas menores, das quais seja possível identificar as partes interessadas ligadas às mesmas. Esta abordagem procura, através da redução do escopo analisado, ampliar a capacidade de identificação dos *stakeholders*, ao passo que, reduz o contexto com os quais os mesmos estarão associados.

Essencialmente, ao analisar objetivos mais específicos sob a ótica dos *stakeholders* que afetam ou são afetados por estes objetivos específicos, a equipe de projeto deverá ampliar sua capacidade de descoberta, localizando, por exemplo, os *stakeholders* que emergem em etapas específicas do projeto. Concomitantemente, a interseção entre estes círculos deverá evidenciar mais claramente os *stakeholders* mais ativos do projeto, oferecendo subsídios para condução de etapas posteriores como a classificação e priorização. A Figura 14 apresenta um resumo desta análise.

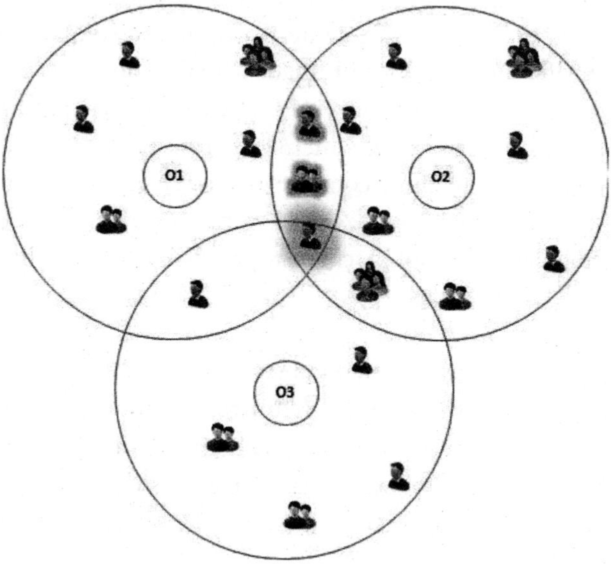

Figura 14: Círculos de *Stakeholders* baseados em objetivos específicos. Adaptado de Bourne 2005

Embora o conceito proposto no ambiente AVAS, baseado no círculo de *stakeholders* de Bourne, forneça uma teoria consistente para avançar com as ações de identificação, os aspectos práticos desta abordagem ainda devem ser consolidados.

Existem diversas abordagens que podem ser utilizadas nos processos de identificação. John Bryson, por exemplo, apresenta em seu estudo um conjunto de 15 técnicas para suportar os processos de identificação, todas baseadas nos métodos de entrevistas e *brainstorms* não estruturados[111]. Outros trabalhos analisam uma abordagem baseada no pensamento sistêmico para realizar a mesma tarefa. Assumindo que no modelo proposto, em geral, a identificação das partes interessadas se dará de dentro para fora da organização, faz-se necessário um processo sistemático para condução das atividades desta etapa.

Cabe citar, entretanto, que sistematizar os processos não é o mesmo que padronizá-los, pois esta abordagem iria contrariar um dos principais conceitos da teoria dos *stakeholders*, que enfatiza a impossibilidade de desenvolver uma abordagem única e genérica a ser aplicada em todos os projetos, em função da natureza única dos mesmos[5]. Diante disso, sugere-se que a aplicação das técnicas de identificação esteja subordinada à análise do cenário, a qual deverá ser aplicado o ciclo de melhoria da gestão de *stakeholders* do ambiente AVAS. Durante estas fases iniciais, normalmente, os resultados da identificação serão obtidos por meio de técnicas como seções de *Brainstorms*, entrevistas com membros do time de projeto ou *stakeholders* mais próximos, ações iniciais que deverão ser apoiadas pela combinação dos processos de identificação e classificação das partes interessadas.

Os envolvidos neste momento serão em sua maioria *stakeholders* internos. Assim, as estratégias para condução da identificação nestes cenários iniciais podem variar conforme novos *stakeholders* sejam envolvidos. Cabe lembrar ainda que a cada caso é importante avaliar qual das ferramentas será mais eficiente considerando as particularidades de cada grupo a ser engajado e os objetivos deste engajamento.

Conforme avançam os processos de identificação e a subsequente classificação destes grupos, novos *stakeholders* deverão ser sucessivamente identificados pelas mesmas técnicas ao longo dos processos de gestão e análise de *stakeholders*. Então, conforme descrito na proposta metodológica AVAS, este mecanismo repetível deverá garantir que novos *stakeholders* sejam incluídos sistematicamente até transcender o contexto organizacional e envolvendo, assim, os *stakeholders* externos ao cenário da gestão de *stakeholders*.

Classificar as Partes Interessadas

Fundamentalmente, a etapa de classificação deverá promover o primeiro dos muitos contatos que a equipe de gestão de *stakeholders* terá com suas partes interessadas.

Diante disso, neste momento, duas importantes ações deverão ser realizadas de forma concomitante: (1) a continuidade na identificação de novas partes interessadas e (2) a coleta e classificação das informações a respeito de cada *stakeholder* já identificado, neste caso, dois níveis de classificação são propostos no ciclo de melhoria AVAS, sendo eles (a) a classificação com base nas características e atributos comuns (b) a classificação com foco na influência do indivíduo sobre o projeto.

De acordo com o mencionado na seção anterior, os processos de identificação dos *stakeholders* no contexto metodológico AVAS mantêm estreita relação com todos os demais processos. Basicamente, todas as dimensões do ciclo proposto têm entre suas atribuições reiniciar os processos de identificação com base no conjunto de informações inerente a sua referida dimensão. Esta ação deverá fornecer a continuidade aos processos de identificação, ao passo que contribui para construção e manutenção do mapa de *stakeholders*. Para Thelma Rocha e Andreia Goldschmidt[226] o mapa de *stakeholders* consiste em uma visão macro do cenário atual contendo os *stakeholders* identificados e preliminarmente classificados.

Neste trabalho, a classificação consiste, essencialmente, na obtenção de um conjunto de informações e atributos específicos utilizado para caracterizar cada *stakeholder* no grupo e, principalmente, em relação aos objetivos do projeto. Os agrupamentos organizados por meio das similaridades encontradas entre estas características contribuirão para formar o perfil do contexto social em análise.

Reed et al[37] sugerem algumas abordagens úteis nos processos identificação e classificação, destacando a aplicação de técnicas como entrevistas semiestruturadas[91,92], amostragem bola de neve[162], ou mesmo uma combinação destas com a aplicação de questionários ou por meio da comunicação mediada por computador (CMC)[227]. As entrevistas estruturadas ou semiestruturadas representam uma técnica relevante para coleta de dados, em torno da qual existe certo consenso na literatura quanto a sua importância na obtenção das informações. Em geral, argumenta-se que uma estrutura de entrevistas pessoais entre a equipe de projetos e os *stakeholders* mostrou ser um método eficiente para contribuir no engajamento e influenciar positivamente os *stakeholders*, uma argumentação conveniente dada a importância da classificação adequada dos *stakeholders* para os processos de gestão. Entretanto, esta mesma técnica mostra-se menos produtiva em cenários de projetos globais, nestes casos, alinhar as técnicas de entrevistas com a aplicação de questionários e a comunicação mediada por computador (CMC) podem promover importantes avanços, mesmo em projetos de maiores proporções.

Assim, diante da relação que se estabelece neste contato inicial com os *stakeholders*, a fim de classificá-los segundo as abordagens propostas no contexto metodológico do ambiente AVAS, emerge a possibilidade de identificar novas partes interessadas. Neste contexto a abordagem conhecida por *snowball* ou bola de neve pode trazer significativas contribuições.

Esta técnica antiga, porém eficiente, foi proposta por Goodman no ano de 1961[162]. A abordagem consiste na identificação sucessiva de novas partes interessadas por meio dos *stakeholders* já identificados. O processo tem início com um conjunto de *stakeholders* primários, no qual cada um destes atores é convidado a nomear outros *stakeholders* de sua rede de relações. Em seguida, uma nova rede de atores que não faziam parte da lista original é igualmente convidada a nomear outros atores e assim sucessivamente.

Conforme o projeto avança, os grupos de atores se acumulam formando novas sub-redes que deverão ser posteriormente classificadas. O processo continua até que não haja novos atores identificados, que o tempo ou recursos tenham se esgotado, ou ainda, quando os novos atores identificados estão muito além do estado inicial do mapeamento[176].

Adicionalmente, sugere-se na ocasião, coletar as informações acerca da natureza das relações entre as partes interessadas, explicitando a existência de laços de parentesco, relações de trabalho, pessoais, entre outros. Estas evidências deverão contribuir para ampliar o entendimento acerca dos fluxos de influência que se dão dentro de uma determinada rede, levando a identificação de *stakeholders* menos óbvios, porém relevantes em função das relações estabelecidas. Autores advertem que as influências ocultas nas relações sociais podem constituir o interveniente de um poder inócuo, porém substancial frente ao projeto. A abordagem é apoiada por Maginn[45] ao declarar que o poder e a influência das partes interessadas podem fluir através dos sistemas sociais ativando mudanças nas atitudes dos outros nós desta mesma rede.

a) Classificação com base nas características comuns

O processo de classificação começa com a imprescindível atividade de coleta de dados. Neste contexto, sugere-se que qualquer informação obtida esteja devidamente classificada com base na confiabilidade da sua origem subdividindo-a entre: (1) fontes de dados primários e (2) fontes de dados secundários. Fontes de dados primários refere-se às fontes de dados com maior grau de confiabilidade, destacam-se, entre diversas fontes de extração de dados, entrevistas, questionários, documentos, fóruns. O segundo tipo refere-se às fontes de dados com menor confiabilidade, a exemplo de redes sociais e internet, blogs, conversas informais, entre outras. O objetivo desta segmentação é no futuro ser capaz de mensurar, em algum grau, a qualidade dos dados de suporte à decisão utilizados para gerar as ações de engajamento.

Como observamos anteriormente, a classificação tradicional que sugere a divisão dos *stakeholders* entre internos ou primários e externos ou secundários, tem ampla aceitação[5]. Na metodologia AVAS, proposta neste livro, este atributo tem potencial relevância, uma vez que, servirá como um dos pilares para fomentar a construção de estratégias de engajamento mais direcionadas aos diferentes públicos de interesse.

Sugere-se ainda como parte do contexto metodológico AVAS, a utilização de um método de classificação baseado na convergência entre os temas de interesse relatados pelos *stakeholders* durante o estudo e a coleta de informações. Essencialmente, procura-se associar cada *stakeholder* a um conjunto de temas predefinidos, de forma que, seja possível identificar mais claramente os interesses prioritários para cada grupo, além de ensejar o cruzamento deste método de classificação diante das demais técnicas utilizadas.

A seleção inicial dos temas de interesse pode ser resultado de ações como seções de *brainstorms* ou entrevistas, envolvendo as partes interessadas internas ou mais próximas dos objetivos do projeto. Conforme avançam os processos de gerenciamento de *stakeholders* e novas partes interessadas são classificadas, novos temas devem emergir a partir dos contatos deste novo grupo de interessados e assim sucessivamente. Complementando este método de classificação, Krebs et al[228] argumenta que podem existir três tipos de interessados: **(a) os que conhecem o tema, (b) os que não conhecem bem, (c) e os que desconhecem.** Esta classificação é importante para analisar a propensão de um dado *stakeholder* em contribuir com o projeto, no entanto, a subjetividade das respostas pode eventualmente provocar análises inadequadas. O contexto de aplicação precisa ser analisado antes de avançar com a utilização deste atributo.

Outros autores propõem uma categorização que diferencia os tipos de apoio ou oposição entre Passivo e Ativo e enseja o cruzamento destas características comportamentais[29,67]. Para estes autores, o cruzamento destas forças produz as medições necessárias para a avaliação da intensidade do engajamento das partes interessadas. Na mesma perspectiva, Axelsson et al[229] apresenta uma classificação baseada entre opositores e defensores, na qual estabelece uma escala variando entre um e dez que avança proporcionalmente conforme os níveis apoio ou oposição.

Um exemplo da complementaridade das abordagens disponíveis na literatura, pode ser observado ao analisar as características em trabalhos como Bill McElroy[29], Lynda Bourne[67] e Krebs[228]. A Figura 15 apresenta uma relação entre as abordagens, sugerindo possíveis ações de engajamento com o fim de converter oposição em apoio ativo.

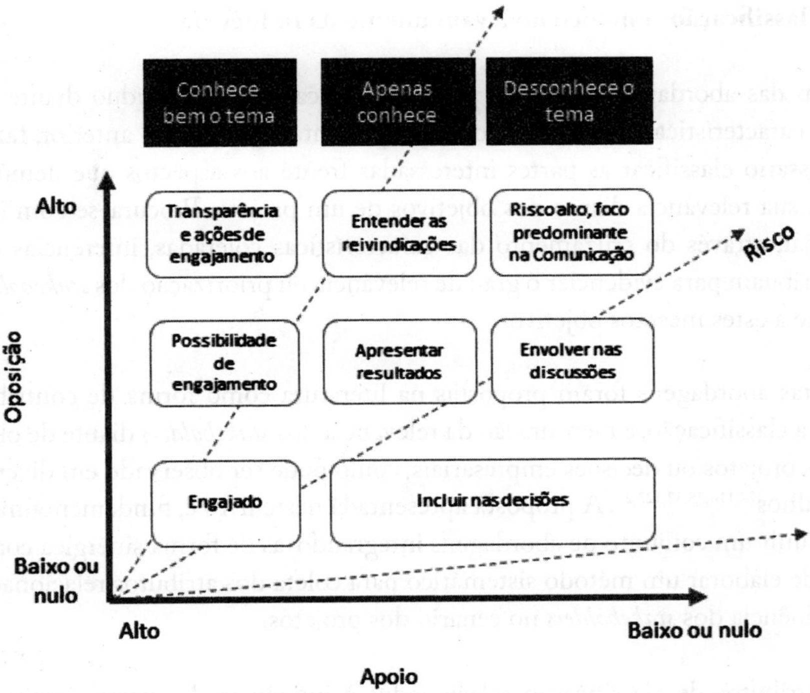

Figura 15: Matriz apoio oposição

Observe com base na imagem mostrada na Figura 15, a existência de uma relação entre o grau de risco e o nível de oposição praticado por este grupo, agravando-se em casos nos quais o conhecimento acerca dos objetivos do projeto é limitado ou nulo. Em geral, esta situação pode estar ligada a problemas no plano de comunicação ou identificação deficiente dos *stakeholders*[226].

A medida em que os níveis de oposição são reduzidos, novas medidas de engajamento podem ser tomadas, culminando na inclusão do indivíduo, ora engajado, no contexto das decisões de projeto, dado que, suas necessidades e anseios são conhecidos e gerenciados. A análise dos agrupamentos por temas de interesse relatados anteriormente pode sugerir áreas nas quais as ações sejam mais efetivas.

b) Classificação com foco no levantamento da influência

Além das abordagens adotadas para a classificação do indivíduo diante das suas características e atributos comuns apresentados na seção anterior, faz-se necessário classificar as partes interessadas frente aos aspectos que demonstrem sua relevância diante dos objetivos de um projeto. Procura-se com isso, ensejar, através do cruzamento das características coletadas, inferências que contribuam para evidenciar o grau de relevância ou priorização dos *stakeholders* frente a estes mesmos objetivos.

Muitas abordagens foram propostas na literatura como forma de contribuir para a classificação, e mensuração da relevância dos *stakeholders* diante de objetivos, projetos ou decisões empresariais, como pode ser observado em diversos trabalhos[72,116,38,42,123,27]. A proposta apresentada neste livro é, fundamentalmente, reunir um conjunto de abordagens integrando-as de forma sinérgica com o fim de elaborar um método sistemático para coleta dos atributos relacionados à influência dos *stakeholders* no cenário dos projetos.

Os atributos de classificação relacionados à influência das partes interessadas foram selecionados com base em diferentes conceitos e abordagens. Entre as teorias selecionadas, destacaram-se o modelo de relevância dos *stakeholders* proposto por Michell[10], além de abordagens como as análises do poder, interesse, influência, dinamismo ou expertise, entre outras.

O modelo de relevância dos *stakeholders* proposto por Michell[10] evidencia a importância de cada *stakeholder* sobre a ótica de três diferentes forças, sendo elas: O **(1) Poder**, que na sua análise consiste na "...capacidade daqueles que possuem o poder de trazer os resultados que desejam.", a **(2) Legitimidade**, que caracteriza-se como "uma percepção generalizada ou suposição de que as ações de uma entidade são desejáveis ou apropriadas dentro de algum sistema socialmente constituído de normas, crenças e/ou definições" e a **(3) Urgência**, que na sua análise retrata "o grau com que as reivindicações dos intervenientes demandam atenção imediata".

A análise da literatura nos mostra que os autores divergem sobre a consistência do atributo legitimidade, para alguns, trata-se de uma medida imprecisa e de difícil mensuração[28], podendo conduzir a eventuais falhas durante os processos de análise e tomada de decisão. Banerjee[124] observa ainda que o critério legitimidade refere-se muito mais a uma característica econômica do que social, abrindo espaço para que os gerentes de projeto enfatizem convenientemente áreas cujas representações econômicas sejam mais claras, em detrimento ao contexto social que deve nortear as ações de engajamento.

Assim, Bourne[27] estendeu o modelo de classificação de Mitchell para representar sua perspectiva. Em sua abordagem, o atributo legitimidade foi removido em função de que, na sua visão, este atributo é parte integrante do poder. Em contrapartida, estudos empíricos demonstraram que a substituição do atributo legitimidade pelo atributo proximidade, que analisa a natureza das relações com outros *stakeholders*, fornece melhores resultados durante os processos de classificação.

Entre os atributos propostos no modelo de relevância dos *stakeholders*, existe um certo consenso acerca da representação de aspectos como poder ou urgência para definir um modelo de priorização dos *stakeholders*.

Mendelow[131] argumentou em seu estudo, a influência das mudanças nas bases de poder e seus reflexos na gestão e consecução dos objetivos de um projeto. Para ele, a dinâmica destas relações também requer o monitoramento sistemático. Em seu modelo, Mendelow propõe uma análise baseada no poder e no dinamismo, no qual o poder mantém uma variação entre alto e baixo e o dinamismo pode ser definido entre estático e dinâmico. Esta abordagem define que em um ambiente estático há pouca probabilidade de ocorrer mudanças na base de poder, enquanto o ambiente dinâmico pode levar a alterações na base de poder da qual deriva o poder de outros intervenientes. Na sua opinião, o desconhecimento destas dinâmicas pode comprometer os objetivos do projeto. Posteriormente, Johnson et al[132] remodelaram esta abordagem sugerindo a troca do eixo dinamismo para interesse, esta ação ampliou a capacidade de analisar os cenários dos *stakeholders*, permitindo avaliar mais claramente a relevância de cada parte interessada para o projeto, observando se esta, por exemplo, tem influência suficiente para exercer as pressões sobre as decisões de projetos.

Voltando para a metodologia AVAS. Em concordância com a proposta de Bourne[27], sugere-se, pelas mesmas razões mencionadas, a remoção do atributo legitimidade do contexto de análise e priorização do ambiente metodológico AVAS. Em seu lugar, propõe-se a inclusão de um atributo denominado Compromisso. Este atributo deverá denotar um valor quantitativo que expresse o nível de comprometimento observado para determinada parte interessada quanto à consecução dos objetivos do projeto. Tipicamente, tende-se a crer que quanto maior o nível de compromisso percebido, maior a propensão do mesmo a contribuir com o projeto.

Analogamente, fundamentado na proposta de Johnson et al[132], acerca da matriz poder e interesse, propõe-se a criação de um novo atributo denominado de **Posicionamento**. Esta variável ampliará a capacidade de análise da matriz de forma que os eixos poderão ser alternados entre os três atributos, resultando em diferentes análises.

O atributo posicionamento será também representado por uma escala de valores inteiros que deverá evidenciar a satisfação de um dado *stakeholder* com as decisões de um projeto. Basicamente, procura-se com a inclusão desta variável, criar um mecanismo de alerta que identifique mudanças nos níveis de oposição ou apoio dos *stakeholders* aos objetivos do projeto.

A dinâmica com a qual partes interessadas sentem-se apoiadas ou excluídas das decisões de projeto, são um indicativo de que que a aferição deste atributo se dê em todos os contatos que forem realizados com cada *stakeholder*. Acredita-se que a análise histórica deste atributo poderá denotar eventuais tendências de mudanças nestes níveis de satisfação. Esta evidência poderá alertar a equipe de projeto para a necessidade de mudanças nos planos de ação ou eventuais correções de curso. Uma visão simplificada da interação destes atributos propostos para classificar as informações com foco na influência pode ser vista na Figura 16.

Figura 16: Fluxo de análise dos atributos propostos na metodologia AVAS

Na perspectiva do ambiente metodológico AVAS, proposto neste livro, o objetivo fundamental da priorização é revelar o nível de influência de cada parte interessada no projeto. A influência é basicamente a capacidade de um *stakeholder* impedir ou alavancar os objetivos do projeto. A natureza subjetiva deste atributo não permite uma aferição individual, de forma que, este resultado passa a ser o produto de todas as ações analíticas realizadas ao longo dos processos de gerenciamento de partes interessadas.

Priorizar as Partes Interessadas

O processo de priorização consiste na aplicação de técnicas e ferramentas analíticas com a finalidade de entender um dado contexto social. Procura-se com base nos atributos coletados nas etapas anteriores, realizar cruzamentos que permitam evidenciar nuances acerca das dinâmicas sociais que contribuam para a melhoria do entendimento e, consequentemente, na gestão dos *stakeholders*.

Conforme mencionado anteriormente, muitas abordagens foram propostas para especificar um modelo de priorização de *stakeholders*, entre estas, o modelo de relevância dos *stakeholders* proposto por Michell[10], que tem ampla representatividade.

Na metodologia AVAS, entretanto, realizamos uma extensão do modelo de relevância dos *stakeholders*, como forma de mitigar problemas relativos à subjetividade dos atributos. Entre as mudanças, sugeriu-se a substituição do atributo legitimidade pelo atributo **compromisso**, levando o modelo a três atributos fundamentais integrados: **o poder, o compromisso e a urgência**. O resultado destes cruzamentos é apresentado na Figura 17.

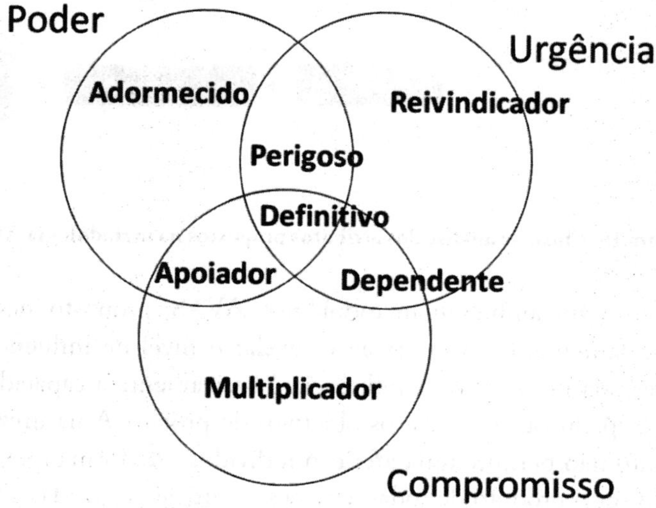

Figura 17: Modelo de relevância dos *stakeholders*.
Adaptado de Mitchel et al 1997

Observa-se que ao analisar os atributos 'poder', 'compromisso' e 'urgência' de forma integrada, um total de sete tipos de *stakeholders* são resultantes destes cruzamentos. No contexto metodológico proposto no ambiente AVAS, a análise revelou os seguintes tipos de *stakeholders*:

1. ***Stakeholder* Adormecido**: tem poder para impor sua vontade na organização, no entanto, não tem urgência na consecução dos objetivos, nem o comprometimento necessário para motivar uma mudança de atitude. Intensificar as ações de engajamento pode trazer este *stakeholder* ao grau de apoiador ou definitivo, explicados a seguir;

2. ***Stakeholder* Reivindicador**: sem poder e sem comprometimento direto com o projeto, este *stakeholder* não deve influenciar na consecução dos objetivos, porém o seu monitoramento contínuo é recomendado em virtude do seu potencial para obter um segundo atributo;

3. ***Stakeholder* Multiplicador**: embora não possua poder para impactar no projeto ou urgência na consecução de determinados objetivos, este tipo

de *stakeholder* é relevante para comunicar as ações e feitos da organização dentro de um contexto social específico. Esta análise é apoiada por Maginn[45] que conforme já vimos, considera que a influência entre as partes interessadas pode fluir através das relações e ativar mudanças de atitudes nos outros;

4. ***Stakeholder* Perigoso**: a presença dos atributos poder e urgência combinados ao baixo engajamento ou comprometimento, pode evidenciar um tipo de *stakeholder* coercitivo que anseia os resultados sem oferecer o suporte necessário. Em geral, este *stakeholder* tende a aumentar o risco do projeto, principalmente quando se trata de um *stakeholder* interno. Técnicas de negociação de requisitos ou escopo de projeto aliado a ações de engajamento podem contribuir para mitigar tal posicionamento;

5. ***Stakeholder* Apoiador**: a combinação dos atributos poder e compromisso reflete, em geral, um *stakeholder* cuja posição é favorável aos interesses do projeto, no entanto, tais interesses não refletem sua prioridade no momento. Neste caso, manter estes *stakeholders* cientes das decisões de projeto, incentivando-os a participar das decisões, pode ajudar na obtenção de um apoio mais efetivo;

6. ***Stakeholder* Dependente**: apesar de demonstrar urgência e compromisso com a consecução dos objetivos, estes *stakeholders* dependem do poder de um outro *stakeholder* para ecoar suas reivindicações no âmbito das decisões de projeto;

7. ***Stakeholder* Definitivo**: a convergência dos três atributos principais, poder, comprometimento e urgência denota um *stakeholder* com grande capacidade de influenciar no projeto, sendo, portanto, um alvo crítico para as ações de engajamento e planos de comunicação.

Conforme observado, as análises fundamentadas na proposta do modelo de relevância dos *stakeholders* podem contribuir para definir um quadro geral em torno dos tipos de *stakeholders* presentes no projeto. Esta representação permite a construção de estratégias e planos mais direcionados ao universo social no qual o projeto é empreitado.

Analogamente, a matriz poder x interesse proposta por Johnson et al[132] também tem forte representatividade nos processos de priorização. Fundamentalmente, esta matriz trabalha o cruzamento das forças poder e interesse gerando uma matriz que reproduz o grau de impacto de cada *stakeholder* nos objetivos de um projeto.

Na perspectiva proposta na metodologia AVAS, objetiva-se incluir a variável posicionamento como forma de permitir maior alternância entre os eixos de análise, com o fim de ampliar a capacidade de análise, além de contribuir para o monitoramento de tendências em função de mudanças no nível de satisfação das partes interessadas em relação às decisões de projeto. A Figura 18 apresenta algumas das possibilidades de cruzamento destes atributos em um contexto baseado em matriz.

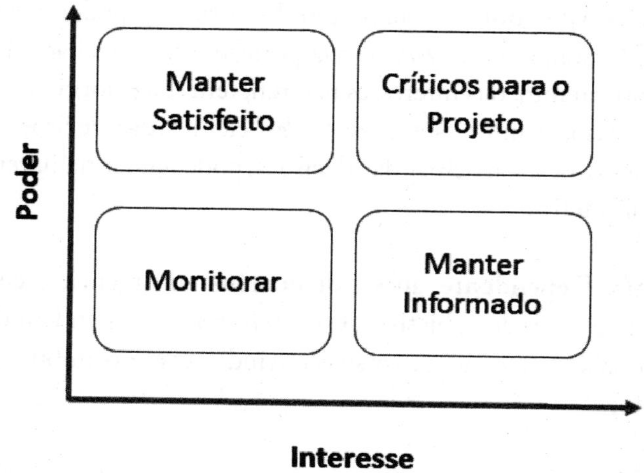

Figura 18: Matriz poder x Interesse.
Adaptado de 132

A partir desta análise, têm-se os seguintes resultados:

Monitorar: Se um *stakeholder* possui baixo poder e baixo interesse, em geral, trata-se de um *stakeholder* com baixa propensão a influenciar no projeto. Assim, sugere-se o monitoramento deste *stakeholder* em virtude da possibilidade de obtenção de um novo atributo.

Manter Informado: Embora os *stakeholders* deste grupo não possuam o poder para impactar diretamente o projeto, seu interesse alto pode contribuir para engajar outras partes interessadas com mais poder. Neste caso, mantê-los informados acerca das decisões e objetivos é uma importante estratégia documentada na literatura [4].

Manter Satisfeito: Indivíduos com algum poder são, em geral, *stakeholders* importantes para o processo de gerenciamento de partes interessadas. Seu poder para impactar positiva ou negativamente os objetivos do projeto, os coloca na lista de *stakeholders* cujas mudanças de posicionamentos ampliam significativamente o risco do projeto. Nestes casos, manter satisfeito é a alternativa mais eficaz para contar com a contribuição deste grupo.

Críticos para o projeto: trata-se do grupo de *stakeholders* com alto poder para influenciar nas decisões de projeto e com alto interesse em sua consecução. O gerenciamento deste grupo é crítico, uma vez que, suas ações podem ter impacto direto na capacidade da organização de concluir seus objetivos.

Do mesmo modo, a inclusão do variável posicionamento em um dos eixos pode evidenciar um novo contexto de análise. A Figura 19 mostra de forma simplificada esta relação.

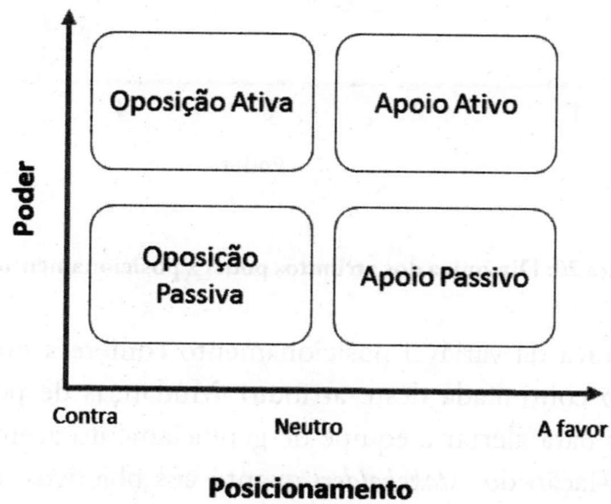

Figura 19: Matriz poder e posicionamento. Adaptado de Johnson e Scholes132

Neste caso, os níveis de oposição variam em função do aumento no poder ou posicionamento das partes interessadas. Como vimos antes, o método de classificação baseado nos níveis de oposição ou apoio foi abordado também no estudo de Bill McElroy et al[29] e Lynda Bourne[67].

Outra possibilidade de utilização da matriz pode ser observada ao analisar de forma integrada as variáveis poder e posicionamento. Este cruzamento permite analisar a dinâmica das relações, avaliando os reflexos das mudanças de posicionamento no cenário dos *stakeholders* identificados. A Figura 20 ilustra esta relação.

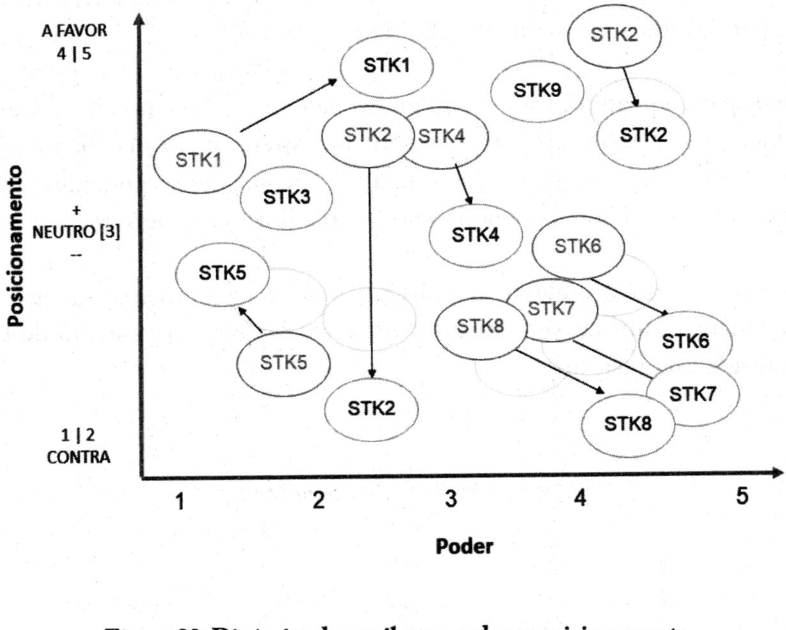

Figura 20: Dinâmica dos atributos poder x posicionamento

A natureza dinâmica da variável posicionamento confere a possibilidade de realizar a aferição continuada deste atributo. Mudanças de posicionamento podem contribuir para alertar a equipe de gerenciamento acerca de questões pertinentes à satisfação dos *stakeholders* quanto aos objetivos ou decisões do projeto. Analogamente, as mudanças no posicionamento que são acompanhadas por mudanças na base de poder[131], podem sugerir a necessidade de ações mais efetivas no engajamento deste grupo.

Engajar as Partes Interessadas

A dimensão engajamento apoia-se nos processos de identificação, classificação, priorização e monitoramento para gerar cenários consistentes em torno do gerenciamento dos *stakeholders* de um projeto. Com base nas informações obtidas por meio destes processos, devem ser criados os planos de engajamento e ações que contribuam para a melhoria contínua das relações entre as empresas e suas partes interessadas, conquistando seu apoio e anuência para realizar os objetivos pretendidos.

A motivação para a existência dessa dimensão é oportunamente expressada em diversos trabalhos[128,68]. Autores argumentam que o engajamento das partes interessadas por meio da transparência no gerenciamento dos projetos tem sido enfatizado por muitos estudiosos como um importante fator de sucesso na manutenção e perenidade das relações entre os *stakeholders* e os projetos.

O manual de engajamento dos *stakeholders* define engajamento como o processo de buscar os pontos de vista dos diferentes *stakeholders* sobre o relacionamento com a organização ou projeto[230]. Uma definição similar é encontrada no manual *Accountability*[231], relatando que trata-se do esforço de uma organização para entender e envolver seus *stakeholders* e seus interesses no andamento de suas atividades e processos de decisão.

Analisando as definições, observa-se que o processo de engajamento mantém o enfoque na construção de uma estratégia que permita a interação das partes interessadas com os objetivos definidos para o projeto, estabelecendo uma relação de troca que envolve os questionamentos das partes interessadas no cerne das decisões.

Três questionamentos relevantes devem ser respondidos antes de iniciar qualquer processo de engajamento, a saber:

1. **Quem engajar?** Esta decisão baseia-se no mapa de *stakeholders* no qual os gestores deverão discernir sobre quais são os alvos das ações de engajamento.

2. **Sobre o que engajar?** Este questionamento refere-se aos temas de maior relevância na perspectiva dos *stakeholders*. Esta análise baseia-se no mapeamento dos temas de interesse abordados durante os processos de classificação.

3. **Como os *stakeholders* serão envolvidos?** Procura-se definir quais ferramentas podem ser utilizadas para realizar o engajamento.

a) Decisão sobre quem engajar

No contexto do gerenciamento de projetos, a decisão sobre quem engajar está associada a diferentes fatores, como a natureza do projeto, uma determinada fase, decisões, escopo, dentre outros. Assim, para cada situação poderá existir um grupo diferente de *stakeholders* a ser incluído nos processos de engajamento.

O círculo de *stakeholders* abordado nos processos de identificação pode representar uma importante fonte de informações para responder esta questão. Nos estágios iniciais, o círculo será composto por *stakeholders* internos e mais próximos da organização que empreita o projeto. Conforme avançam os processos de classificação, novas informações são associadas a cada *stakeholder*, permitindo uma visão holística e classificável do universo dos *stakeholders* de um projeto. Os métodos de análise e classificação descritos nas etapas de classificação e priorização podem ser utilizados de forma sistemática para evidenciar diferentes grupos de *stakeholders* existentes em um projeto.

b) Decisão sobre o que engajar

Consiste na definição dos temas que serão abordados nas ações de engajamento. Em geral, a escolha desta pauta deve ter relevância para ambas as partes, de forma que os *stakeholders* externos ao processo sintam-se representados nos temas escolhidos.

Na metodologia AVAS, os temas de interesse são parte do conjunto de atributos delineados para o processo de classificação dos *stakeholders*. A coleta desta informação pode ser realizada através de fontes de dados primários ou secundários, todavia, em geral, recomenda-se que esta medida seja obtida diretamente com o *stakeholder* através das atividades de classificação. Estas atividades podem envolver entrevistas, questionários, grupos focais, fóruns, redes sociais, entre outros.

O resultado deste processo é uma estrutura tabulada que evidencia os temas prioritários para cada parte interessada, de forma que estas informações possam ser consultadas ou mesmo integradas a outros atributos disponíveis na metodologia aqui proposta.

c) Decisão sobre como os stakeholders serão envolvidos

Acredita-se que a comunicação é o fator-chave para o engajamento das partes interessadas. Esta visão é corroborada por Wim Bakens et al[33], Trevor Young[34] e Harvey Levine[72], que complementam afirmando que a questão-chave no gerenciamento das partes interessadas persiste na manutenção das relações entre a equipe e seus *stakeholders* externos. Muitas técnicas têm sido propostas para apoiar os processos de comunicação, no entanto, Rocha e Goldschmidt[226] alertam para a importância de avaliar a técnica ou ferramenta mais adequada, considerando as particularidades de cada projeto e dos seus grupos de *stakeholders*.

Pode-se observar com base nos aspectos abordados nos três questionamentos-chave para as práticas de engajamento, que a atividade de engajamento está intimamente ligada à realidade social na qual serão implementadas tais ações. Este conceito elementar impossibilita a confecção de um modelo genérico de engajamento. Deste modo, a proposta da dimensão engajamento na perspectiva da metodologia AVAS, fundamenta-se no provimento de informações que ampliem a capacidade dos gestores na construção dos planos de ação, oferecendo o suporte informacional adequado através das práticas e processos realizados nas etapas anteriores do ciclo de gerenciamento de *stakeholders* aqui proposto.

Monitorar as Partes Interessadas

A dimensão monitoramento objetiva apoiar a natureza cíclica da abordagem proposta no ciclo de melhoria da gestão de *stakeholders*. Essencialmente, propõe-se que os processos antes descritos sejam repetidos durante todo o ciclo de vida do projeto. Esta dinâmica busca manter sempre atualizadas as informações acerca dos *stakeholders* gerenciados, permitindo registrar mudanças que possam alterar o grau de risco do projeto.

No cerne da estrutura processual do monitoramento, deve persistir o mapa de *stakeholders*, conforme mencionado anteriormente. O mapa consiste em uma visão macro do cenário atual que contribui para identificar os grupos de influência existentes no contexto do projeto.

Assim, a cada contato com os *stakeholders*, seja nas atividades de identificação, classificação, priorização ou engajamento, são atualizados os registros e atributos de cada parte interessada. Essas alterações podem envolver mudanças, por exemplo, no posicionamento, interesse, poder, inclusão ou exclusão de temas relevantes e suas motivações, permitindo uma análise atualizada do estado atual do projeto na medida em que novas informações são coletadas.

Com os dados atualizados, os processos de monitoramento podem ser realizados sobre as novas informações obtidas, neste âmbito, as análises delineadas nos processos de priorização, a exemplo do modelo de relevância dos *stakeholders* e as matrizes de priorização em especial; (1) poder e interesse, (2) posicionamento e poder e (3) posicionamento e interesse, podem ser de grande utilidade ao relevar eventuais mudanças no cenário dos *stakeholders*-chave de um projeto. As mudanças observadas, usualmente, levarão a correções no plano de ação e nas estratégias de engajamento.

Observa-se, portanto, que a dimensão monitoramento tem a função de manter e melhorar continuamente os processos de gerenciamento de *stakeholders*. Fundamentalmente, esta dimensão preocupa-se em conduzir um ritmo de melhoria que se baseia tão somente no contato e registro das eventuais mudanças nos atributos selecionados na metodologia AVAS. A dimensão monitoramento não aborda em si um conjunto específico de ferramentas, mas preconiza a utilização das ferramentas descritas nos diversos processos de gerenciamento de *stakeholders* propostos, fundamentando uma estrutura dinâmica que se retroalimenta a cada contato com as partes interessadas, seja por meio dos processos de engajamento ou qualquer um dos cinco processos que compõem o contexto metodológico AVAS, proposto neste livro.

Resumo do Capítulo

Neste capítulo detalhamos a metodologia AVAS, apresentamos os aspectos essenciais da abordagem inserindo o conceito fundamental da proposta, aqui definida por ciclo de melhoria da gestão de *stakeholders*.

Sua estrutura cíclica tem por objetivo nos remeter aos meandros da melhoria contínua de forma que a cada giro de processos novas melhorias sejam gradualmente implementadas avançando em qualidade não só no que se refere aos aspectos técnicos, mas sobretudo no trato cotidiano com os *stakeholders* no desenvolvimento dos projetos.

Analisamos o ciclo de melhoria da gestão de *stakeholders* e enfatizamos as cinco dimensões que embora analisadas distintamente, são de fato integradas, podendo eventualmente ter suas dimensões executadas em paralelo ou com alguma variação em função do ciclo proposto.

As cinco dimensões propostas para o ciclo de melhoria de gestão de *stakeholders* são (1) identificação, que integra conceitualmente as técnicas que podem ajudar a identificar os *stakeholders* de um projeto; (2) Classificação, que apresenta os conceitos necessários para a realização de agrupamentos, por meio de uma análise consistente acerca dos grupos de partes interessadas; (3) Priorização, que delimita o escopo das análises na medida em que ajuda a restringir os grupos prioritários que serão foco principal das ações de engajamento, ou seja, durante a priorização o número de grupos tende a ser reduzido, na medida em que se prioriza os mais importantes para realizar as ações de engajamento; (4) Engajamento, que analisa o conjunto de dados classificados e priorizados com o objetivo de elaborar planos mais efetivos para o engajamento das partes interessadas nos projetos; e, por fim, (5) o monitoramento, que tem como função analisar todos os aspectos do ciclo evidenciando, catalogando mudanças nestes cenários.

No próximo capítulo iremos materializar os conceitos abordados, convertendo-os em ferramentas e técnicas para cada uma das dimensões propostas. Essas ferramentas fundamentadas nas abordagens aqui descritas deverão apoiar os gerentes de projeto no dia a dia da gestão de *stakeholders*.

Capítulo 11

Plataforma de Análise: Uma Proposta Arquitetural para o Ambiente de Visualização e Análises Sociais - AVAS

Baseado nas abordagens teóricas que fundamentam a metodologia de gestão de *stakeholders* apresentado no capítulo anterior, propõe-se materializar as abordagens discutidas, delineando ferramentas, métodos e técnicas de gerenciamento à luz da metodologia AVAS enfatizando sua aplicação no cenário do gerenciamento de projetos.

A análise sobre a literatura confirma a existência de poucas iniciativas voltadas à sistematização dos processos de gestão de *stakeholders*. Tende-se a acreditar que esta lacuna está fundamentada, entre outras coisas, pela falta de uma proposta focada para os aspectos práticos desta disciplina. Esta afirmação é apoiada por Chinyio e Akintoye[60] ao argumentarem sobre a falta de um consenso em torno das práticas de gestão e por Pouloudi e Whitley[36] ao discorrer sobre a falta de abordagens práticas voltadas para os processos de gestão de análise de partes interessadas.

Outro entrave observado pode ser atribuído à natureza subjetiva encontrada nas teorias e processos de gestão de *stakeholders*. A subjetividade inerente à gestão de *stakeholders* dificulta a criação dos meios de medição e, ao mesmo tempo, a utilização dos recursos computacionais no suporte a essas atividades. Ainda que represente um desafio, a mensuração de determinadas características dos intervenientes pode conduzir ao aprimoramento dos processos. Este aprimoramento pode se dar tanto em função do aumento da capacidade de análise, através da utilização de recursos computacionais no entendimento dos contextos sociais, quanto na própria sistematização das atividades, permitindo a estruturação processual, feedbacks e rastreamentos que contribuirão para manter e melhorar o desempenho na gestão de *stakeholders*.

Diante destes desafios, emerge a proposta descrita como Ambiente de Visualização e Análise Sociais (AVAS). Essencialmente, propõe-se neste capítulo evidenciar através de um modelo conceitual, como o emprego da tecnologia da informação pode contribuir para manter e melhorar os processos de gestão e análise de partes interessadas.

Propõe-se, então, que o ambiente AVAS abarque em si o conjunto de abordagens proposto pela metodologia apresentada no capítulo anterior. Basicamente, preconiza-se que a sistematização dos processos esteja sempre fundamentada por este arcabouço teórico que reflete, em última análise, a convergência de algumas das principais teorias disponíveis na literatura com o fim de suportar conceitualmente o modelo proposto neste capítulo.

Assim, nas próximas páginas, vamos materializar a metodologia AVAS, através de uma representação em alto nível que busca evidenciar os aspectos que denotam como deverá ser a distribuição das atividades e eventual informatização dos processos de gestão de *stakeholders* no contexto do ambiente AVAS. Essas definições representam o primeiro passo para a informatização do ambiente AVAS. A Figura 21 apresenta o modelo em alto nível da representação arquitetural do ambiente.

Figura 21: Modelo conceitual em alto nível de abstração do Ambiente AVAS

Cabe lembrar, que apesar deste modelo estar voltado para a sistematização dos processos por intermédio da tecnologia da informação, os meios para a informatização não são definidos. Assim, a tecnologia a ser utilizada deverá alinhar-se com a necessidade de aplicação destes mesmos conceitos. Diante desta métrica, a informatização poderá ser simples, como uma estruturação baseada em planilhas eletrônicas, até a criação de ambientes robustos baseados na web como o que apresentaremos no próximo capítulo.

Agora, voltemos ao modelo: Nosso modelo está dividido em sete camadas, além de duas camadas conceituais denominadas por **(a) Gerenciamento de Projetos.** Esta camada procura caracterizar as demandas no gerenciamento de projeto, materializando-as como entradas no processo de gestão de *stakeholders*. Do mesmo modo, a camada de gerenciamento de projetos deverá obter continuamente os retornos dos processos executados, que na forma de *feedbacks*, deverão contribuir para melhoria contínua das ações gerenciais. A segunda camada conceitual é denominada de **(b) Metodologia AVAS**. Esta camada representa toda estrutura teórica sob a qual serão fundamentados e sistematizados os processos de gerenciamento do ambiente AVAS descrito no capítulo anterior.

Observando a imagem da Figura 21 podemos ver que o modelo evidencia uma estrutura cíclica, partindo das demandas do gerenciamento de projetos, passando pelos aspectos metodológicos evocados pela camada conceitual "metodologia AVAS", até os indicadores de engajamento, que retroalimentarão a gestão de projetos através dos *feedbacks*. Este cenário está submetido a uma estrutura de monitoramento que terá a função de manter e evidenciar o contexto da gestão de *stakeholders*. Tal lógica processual é motivada, entre outros aspectos, pela necessidade de uma arquitetura que reproduza os aspectos da melhoria contínua[225]. Basicamente, presume-se que, conforme os indicadores de engajamento evidenciam novos cenários, novas ações podem ser tomadas com o fim de conduzir a melhoria contínua nestes mesmos cenários sociais. Os indicadores devem ser reproduzidos com base nos processos de gestão de *stakeholders* realizados até o momento da aferição.

As seções seguintes descrevem detalhadamente as camadas, ferramentas e suas respectivas funções no Ambiente de Visualização e Análises Sociais (AVAS).

Camada Metodologia AVAS

Na camada superior do modelo é possível observar que o processo está submetido a um conjunto de *Boas Práticas* representadas pela camada conceitual denominada de Metodologia AVAS. Esta camada pressupõe as orientações básicas para a conceituação do modelo, indo desde as teorias que enfatizam os princípios da gestão de *stakeholder*, até os aspectos práticos, que envolvem os métodos e apoio ferramental necessário para realização dos processos de gestão.

Espera-se que este modelo fomente o interesse pela melhoria das relações entre os intervenientes, as empresas e os projetos, através da melhoria da comunicação e alinhamento coerente entre as dimensões: Identificação, Classificação, Priorização, Engajamento e Monitoramento do **ciclo de melhoria da gestão de *stakeholders***. Almeja-se ainda que o modelo contribua para o cumprimento dos ditames da responsabilidade social corporativa, promovendo maior desenvolvimento social e sustentável entre todos os intervenientes de um projeto. Uma abordagem corroborada por muitos autores que concordam acerca da relevância e do papel das empresas no contexto social em que se inserem [5,10,15].

Camada de Identificação

Os processos de identificação estão intimamente ligados a todas as outras atividades abordadas no gerenciamento de *stakeholders*. Fundamentado no modelo metodológico apresentado no capítulo anterior, que norteou a construção desta camada, admite-se que durante qualquer uma das etapas do gerenciamento existe a possibilidade de identificar intervenientes relevantes. Esta identificação pode eventualmente estar relacionada à existência de uma influência direta, em função de uma relação de dependência entre o interveniente e os objetivos do projeto ou por meio das relações mútuas entre as partes interessadas, nas quais um interveniente poderá indicar outros prováveis *stakeholders* do projeto. Esta abordagem contribui para a identificação contínua de novos *stakeholders* e mitiga as questões relacionadas às influências ocultas[27] em uma rede de relações.

A integração da camada de identificação com as camadas adjacentes do modelo viabiliza uma estrutura de identificação contínua, na qual, como já vimos, todas as atividades compartilham da responsabilidade de promover a identificação de novos intervenientes. A entrada de dados na camada de identificação terá como resultado um *stakeholder* pré-identificado ou provável *stakeholder* do projeto.

A Pré-identificaçao

A pré-identificação consiste em uma definição parcial sobre a presença de uma parte interessada no contexto de gerenciamento do projeto. Esta pré-identificação pode ser feita utilizando fontes de dados primárias ou secundárias. Com base nestes levantamentos preliminares, supõe-se um determinado grau de relevância para o *stakeholder* do projeto. No entanto, sua permanência neste âmbito deverá ser validada pelo processo de classificação, o qual ratificará ou não este grau de relevância, levando a permanência ou exclusão do *stakeholder* do contexto do projeto. Assim, uma parte interessada pré-identificada deverá manter o status de pendente de classificação, de forma que sua entrada nas análises e nas próprias ações de engajamento se faça, apenas, após a certificação desta relevância. Esta restrição visa delimitar o escopo da gestão de partes interessadas evitando que esforços sejam direcionados a grupos fora do contexto do projeto uma vez que os recursos são limitados e devem ser bem direcionados.

Observe Sempre o Quadro Geral

A relevância de um *stakeholder* deve estender-se não apenas aos intervenientes que tenham poder ou influência para impactar no projeto, mas, sobretudo, aos intervenientes que são impactados por estas decisões, sendo estes, em geral, *stakeholders* externos. Como vimos anteriormente, alguns autores argumentam que quando as partes interessadas secundárias ou externas são excluídas da gestão de projetos, estas podem envolver-se em um conjunto de ações para avançar com suas reivindicações, o que pode aumentar sua capacidade de influenciar o projeto[72]. Essas ações podem elevar o grau de risco resultando em operações custosas para a empresa, além das consequências negativas no que se refere à sua reputação[73]. Além disso, o alinhamento das abordagens de gestão de *stakeholders* com os conceitos preconizados pela responsabilidade social corporativa e o desenvolvimento sustentável devem ser considerados em função da sua grande notoriedade, evidências demonstram uma relação clara entre o desempenho social e o sucesso empresarial[99]. Autores concordam ainda sobre a relevância dos aspectos sociais na reputação, afirmando que o posicionamento social pode determinar, em algum grau, o sucesso das iniciativas empreitadas, riscos e oportunidades na medida em que o gerenciamento destas questões for melhor encaminhado.

A camada de identificação está subdividida entre três macroprocessos, detalhados a seguir: **(a) Identificar novos *stakeholders*, (b) Mapa de *stakeholders* e (c) Mapa das relações.**

a) Identificar novos *stakeholders*

A identificação de novos *stakeholders* deve ser uma atividade contínua no gerenciamento das partes interessadas. Basicamente, esta atividade representa o ponto central pelo qual as outras camadas deverão submeter os novos *stakeholders* aos processos de gerenciamento.

O processo "Identificar novos *stakeholders*", assim como, nas demais atividades propostas no modelo, está suportado pelos conceitos propostos na metodologia AVAS. Diante disso, propõe-se que este processo utilize como suporte a técnica de identificação denominada de *snowball* ou bola de neve[162]. Essencialmente, cada um dos intervenientes contatados é convidado a nomear outros *stakeholders* de sua rede de relações que possam, eventualmente, fazer parte do contexto das partes interessadas do projeto, como vimos, esta ação é caracterizada no modelo como a pré-identificação. Conforme novos *stakeholders* são indicados, novas sub-redes vão se formando. O processo continua até que não haja novos atores identificados, que o tempo ou recursos tenham se esgotado, ou ainda, quando os novos atores identificados estão muito além do estado inicial do mapeamento. A Figura 22 ilustra o resultado da aplicação da abordagem bola de neve.

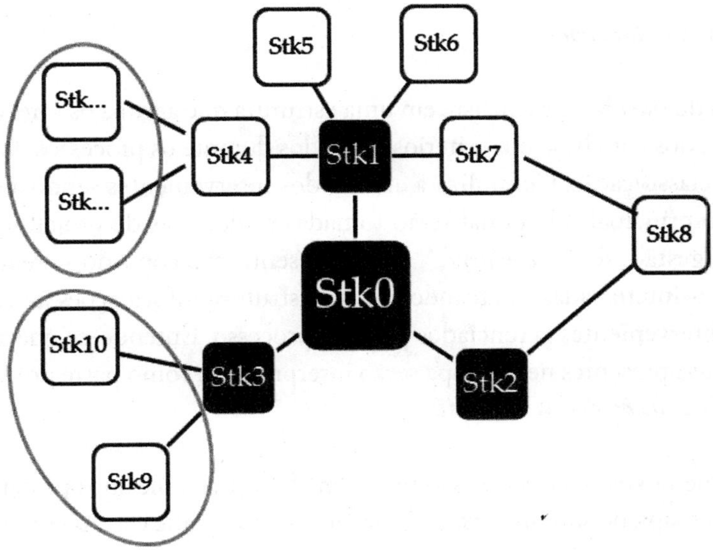

Figura 22: Representação gráfica da abordagem bola de neve

A adoção da abordagem *snowball* é especialmente interessante em função de contribuir simultaneamente para dois fatores prioritários do modelo: o primeiro refere-se ao fato de tratar-se de um método de identificação consistente e contínuo, uma abordagem alinhada aos requisitos estabelecidos para este processo. O segundo refere-se à possibilidade de pré-identificar também as relações entre as partes interessadas. Conforme os intervenientes sugerem outros contatos, estes poderão ser incentivados a expressar o tipo de relação que compartilham com a parte interessada indicada, contribuindo para a construção do mapa das relações que consiste em um dos pilares sob o qual a presente proposta está estruturada.

As atividades abarcadas por este processo expressam a sua relevância, na medida em que, todas as camadas adjacentes do modelo dependem fundamentalmente da inclusão de novas partes interessadas para promover o suporte à decisão preconizado pelo ambiente AVAS.

b) Mapa de *stakeholders*

O mapa de *stakeholders* consiste em uma estrutura que agrupa os intervenientes identificados com base nos critérios aplicados durante os processos de identificação e classificação. Centraliza a análise dos intervenientes sendo a estrutura de apoio principal sob a qual serão tomadas as decisões de projeto no que se refere à gestão de *stakeholders*[226]. Ele representa o escopo do gerenciamento das partes interessadas, abarcando em sua estrutura informações acerca de todos os intervenientes gerenciados por este processo. Entende-se que apenas os *stakeholders* presentes neste mapa serão interpretados como parte do cenário de gestão de *stakeholders* do projeto.

Conforme novos *stakeholders* são pré-identificados, os mesmos passam a fazer parte do mapa de *stakeholders*, todavia, antes da classificação, o conhecimento sobre suas características e atributos não são suficientes para incluí-los nas análises, uma vez que, seu grau de influência e relevância ainda não foi mensurado. Assim, este interveniente recebe o status de pendente de classificação, denotando uma possibilidade de que este interveniente venha a fazer parte do contexto da gestão de *stakeholders* do projeto. Após a classificação, assumindo tratar-se de um *stakeholder* do projeto, seu posicionamento no mapa de *stakeholder* será então definido, caso contrário, o *stakeholder* deve ser excluído do mapa de *stakeholder* e, consequentemente, do contexto da gestão de *stakeholders* do projeto.

O mapa de *stakeholder* representa os conceitos definidos na metodologia AVAS. Entre outras abordagens, a metodologia sugere uma adaptação do círculo de *stakeholders* para evidenciar o universo dos *stakeholders* diante dos objetivos de um projeto. Sugere-se o desdobramento dos mesmos em objetivos menores como forma de resumir os cenários e facilitar a identificação de *stakeholders* mais específicos.

Assim, pode-se entender que o mapa de *stakeholders* consistirá da reunião dos diversos círculos de *stakeholders* gerados em torno dos diferentes objetivos específicos, culminando em um panorama detalhado que evidenciará a disposição dos *stakeholders* nas diferentes fases do projeto variando em função do objetivo analisado. A Figura 23 ilustra esse cenário.

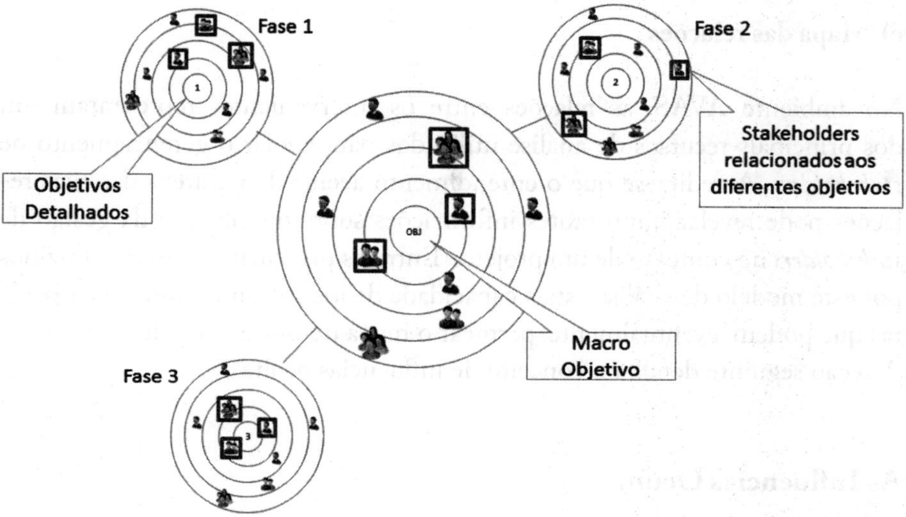

Figura 23: Círculo de *stakeholders* baseado nos objetivos específicos do projeto. Adaptado do círculo de *stakeholder* de Bourne27

Dois fatores são preponderantes para a escolha desta abordagem, o primeiro consiste na possibilidade de localizar intervenientes ativos que atuam apenas em determinadas fases do projeto ou em partes específicas. A análise fundamentada apenas no macro-objetivo pode não revelar estes intervenientes. A segunda refere-se à possibilidade de utilizar-se de recursos computacionais para cruzar estes diferentes círculos, este cruzamento poderá evidenciar novas medidas de relevância, demonstrando, por exemplo, que intervenientes que apresentam relevância em diferentes objetivos terão forte propensão a ser um *stakeholders* chave do projeto.

Diante disso, constatamos que o mapa de *stakeholder* prescinde de contínua atualização, suas mudanças representam as variações do contexto social do projeto e são, portanto, o reflexo das mudanças nos atributos monitorados. Este método conceitual deverá oferecer ao gestor um meio prático e eficiente de interpretar estes cenários, favorecendo a tomada de decisão e contribuindo para a assertividade nas ações de engajamento.

c) Mapa das relações

No ambiente AVAS, as relações entre os intervenientes representam um dos principais recursos de análise utilizados para apoiar o gerenciamento de *stakeholders*. Acredita-se que o entendimento acerca da natureza das suas relações pode revelar importantes informações sobre o ambiente da gestão de *stakeholders* no contexto de um projeto. Entre os principais benefícios trazidos por este modelo de análise está a capacidade de identificar as influências ocultas que podem, eventualmente, permear o mapa de *stakeholders* de um projeto. A seção seguinte detalha o conceito de influências ocultas.

As Influências Ocultas

A análise tradicional, fundamentada nos atributos individuais, poderá evidenciar pouca relevância para um dado *stakeholder*, no entanto, a natureza das suas relações pode o constituir de poder suficiente para impactar o projeto. O não gerenciamento destes intervenientes poderá, eventualmente, elevar o grau de risco e, consequentemente, trazer prejuízos à consecução dos objetivos de um projeto. A Figura 24 apresenta uma visão do mapa das relações representando alguns exemplos de como podem se dar as influências ocultas no contexto de um projeto.

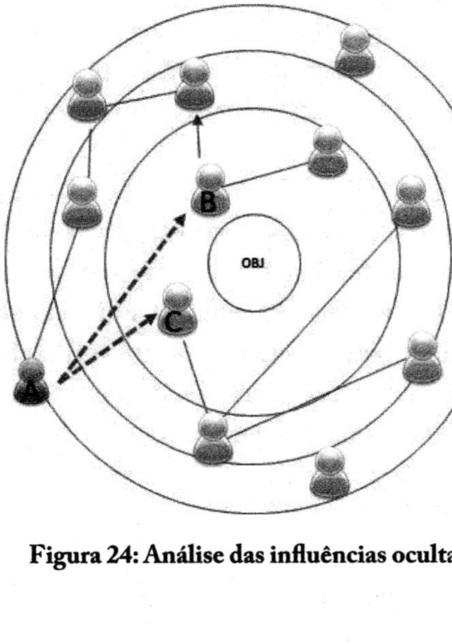

Figura 24: Análise das influências ocultas.

Analisando apenas a posição do "*stakeholder A*" diante dos critérios preconizados pelo círculo dos *stakeholders*, pode-se perceber que sua distância em relação ao centro do círculo demonstra tratar-se de um interveniente com pouca relevância relativa aos objetivos do projeto. Entretanto, ao analisar este mesmo interveniente com base em suas relações, pode-se observar que o "*stakeholder A*" se relaciona com *stakeholders* "B" e "C", que possuem um grau de relevância significativamente maior. Diante desta análise, há possibilidade de que este interveniente possa, por meio dessas relações, constituir-se de poder e influência suficientes para impactar nos objetivos do projeto. A identificação destas relações nas fases iniciais do mapeamento dos *stakeholders* poderá mitigar os eventuais riscos aliados ao negligenciamento de uma parte interessada relevante.

A coleta das informações pode muito bem apoiar-se na técnica de identificação *snowball*[162] para constituir a rede. O resultado deste processo será um mapa composto pelos *stakeholders* interconectados, formando uma rede na qual os nós ou *nodos* serão os próprios intervenientes e as arestas representarão as relações. Esta estrutura em rede deve viabilizar a aplicação de conceitos baseados em *Social Network Analysis* (SNA), permitindo analisar a disposição dos *stakeholders*, identificando os mais centrais, marginais, fluxos de influências, além das análises mais específicas como a identificação de aspectos como centralidade, densidade, força dos laços, entre outras possibilidades disponibilizadas por este mecanismo de análise.

Camada de Classificação

Classificar os *stakeholders* consiste, basicamente, na coleta e atribuição sistemática das informações que deverão caracterizar cada interveniente frente aos objetivos de um projeto. Esta atividade busca, sobretudo, traçar um perfil de cada parte interessada evidenciando seus interesses e expectativas, além de aspectos que permitam mensurar seu impacto e relevância diante destes mesmos objetivos.

Para realizar esta tarefa, a camada de classificação é composta por um conjunto de atributos distintos, porém complementares. Extraídos da estrutura metodológica que sustenta este modelo, preconiza-se que cada atributo adotado mantenha uma relação sinérgica com os demais, permitindo a realização de análises que enfatizem não só os atributos individuais, mas, sobretudo, o cruzamento entre os mesmos, revelando novas informações que auxiliem no entendimento cada vez maior do contexto das partes interessadas do projeto.

Embora as análises imponham certo grau de subjetividade, objetiva-se nesta etapa enquadrar os indivíduos em uma escala de valores predeterminada, variando de um a cinco. Esta valoração estabelece métricas e pesos que deverão auxiliar nas avaliações e análises realizadas pelas camadas adjacentes. Esta abordagem é apoiada por Winch e Bonke[24] ao atribuírem uma escala quantitativa ao atributo "interesse", com o fim de mensurar o grau de interesse dos intervenientes durante a condução dos projetos. Os atributos propostos na camada de classificação são descritos a seguir:

1. **Poder:** classifica no projeto cada indivíduo em uma escala de autoridade. Esta autoridade pode advir desde uma característica explícita, como um cargo de gerência em um determinado departamento, até estruturas de poder mais subjetivas, a exemplo de uma liderança de bairro ou um líder comunitário. No entanto, para que se caracterize determinado grau de poder, é preciso que este exerça, em algum nível, influência sobre outros *stakeholders* mapeados no projeto. No contexto do ambiente AVAS, o atributo poder está delimitado entre o grau 1 (um) que representa baixo poder, aumentando proporcionalmente até o grau 5 (cinco);

2. **Urgência**: Aqui utilizamos a definição proposta por Michell[10] para contextualizar sua função no ambiente AVAS. Mitchell et al, definem urgência como: "*O grau em que as reivindicações dos intervenientes demandam atenção imediata*". Assim, ao analisar a urgência diante dos demais atributos, deverá ser possível atribuir critérios de priorização úteis no processo de gestão. O atributo urgência, de forma similar ao atributo poder, deverá pautar-se em uma escala entre 1 (um) representando pouca urgência e 5 (cinco) representando o nível máximo de urgência no atendimento à reivindicação.

3. **Compromisso**. Este atributo complementa os atributos anteriores, na medida em que sua análise conjunta viabiliza o entendimento acerca da relevância dos intervenientes para o projeto. Apoiado no modelo de relevância

dos *stakeholders*[10] procura-se, a partir do atributo compromisso, definir em que grau os intervenientes parecem comprometidos com os objetivos do projeto. O atributo compromisso varia entre o grau 1 (um) representando baixo comprometimento e 5 (cinco) representando o maior grau de comprometimento que um *stakeholder* pode ter diante dos objetivos do projeto.

4. **Posicionamento:** Sua missão consiste em mensurar a posição de uma determinada parte interessada diante dos objetivos de um projeto, buscando aferir o grau de satisfação da mesma frente ao atendimento às suas demandas e seu envolvimento no processo de construção das soluções e resolução de conflitos. Embora também trata-se de uma avaliação subjetiva, sua classificação é feita por meio de uma representação escalar do posicionamento das partes interessadas, na qual, 1 (um) e 2 (dois) representam um posicionamento contrário ou revela preocupações em relação ao projeto, 3 (três), representa um posicionamento indiferente ou neutro e 4 (quatro) e 5 (cinco) indicam que a parte interessada é favorável aos interesses do projeto ou determinada decisão. Conforme observamos anteriormente, o posicionamento tem como objetivo reproduzir a natureza dinâmica das relações da empresa ou equipe de projeto com os seus intervenientes. Assim, a coleta deste atributo deverá reproduzir esta demanda, de maneira que, a cada contato com o *stakeholder*, um novo posicionamento seja coletado. A constância ou variabilidade desta variável poderá contribuir para melhor entendimento dos impactos das decisões de projeto na perspectiva dos intervenientes afetados.

5. **Interesse:** Este atributo apoia-se nos estudos de Johnson et al[132] para compor sua definição. Os autores definem o interesse como as expectativas dos intervenientes em relação às decisões de projeto. Busca-se com este atributo, avaliar os níveis de interesse dos *stakeholders* no que se refere ao seu apoio ou oposição diante da conclusão dos objetivos do projeto; baixo interesse pode sugerir baixa propensão a contribuir para o projeto, por outro lado, alto interesse, quando bem gerenciado, pode constituir um importante aspecto de apoio para alcançar tais objetivos. Todavia, a capacidade de um *stakeholder* alavancar o projeto poderá ser melhor identificada através da análise combinada do interesse com o seu grau de poder e/ou posicionamento.

6. **Temas de Interesse**: Diferentemente dos mecanismos de avaliação mencionados anteriormente, este atributo objetiva identificar os assuntos mais pertinentes na visão de cada interveniente. A recorrência dos temas, aliada às métricas aplicadas durante as avaliações, configuram uma importante informação para auxiliar na tomada de decisão e condução dos processos de engajamento.

7. **Engajamento:** As análises deste atributo são baseadas nas condições definidas como estado atual (as-is) e o estado esperado (to-be), relativo ao engajamento dos intervenientes. Procura-se com isso mensurar, com base nas análises e priorizações, o estado atual do interveniente frente ao engajamento desejado. A lacuna entre estes estados deve ser preenchida pelas ações de engajamento que deverão conduzir o interveniente de um estado a outro. A aferição destes valores será mais recorrente durante os processos de priorização e monitoramento, uma vez que, a identificação do estado atual (as-is) já é, por si, fruto de uma análise de *stakeholder*, assim como, o caminho que o interveniente percorreu para chegar ao estado esperado (to-be).

Observa-se que a análise dos atributos do processo de classificação, assim como, sua fundamentação teórica, têm entre seus principais objetivos a função de catalogar e organizar as informações. Espera-se com isso, viabilizar análises que permitam inferir níveis de relevância e impacto das partes interessadas no projeto. A análise e a convergência destes atributos envolvendo suas diversas partes interessadas podem contribuir para um maior entendimento acerca das dinâmicas sociais no contexto do gerenciamento de projetos e, consequentemente, para a consecução dos seus objetivos. O aumento da capacidade de análise das questões sociais pode representar um avanço tanto no contexto social, diante de uma abordagem voltada ao desenvolvimento sustentável, quanto nos aspectos gerenciais, em função dos ganhos estratégicos que esta abordagem pode representar.

Camada de Análise e Priorização

A camada de análise e priorização tem como propósito auxiliar no entendimento das dinâmicas sociais. Esta camada procura fundamentar-se na metodologia proposta para elaborar um conjunto de visões que permita um maior entendimento acerca das partes interessadas, suas relações e influências nas decisões de projeto.

Esta camada busca, por meio de uma estrutura de análise, inferir níveis de influência, relevância, poder, entre outros aspectos que contribuam para mensurar o impacto das partes interessadas nas decisões empresariais e de projeto. O conhecimento obtido a partir das análises de priorização deverá apoiar o desenvolvimento dos planos de ação, engajamento e ganhos de eficiência no próprio gerenciamento de projetos.

Observa-se, portanto, que a camada de análise e priorização possui um papel relevante no contexto do gerenciamento dos *stakeholders*. Fundamentada pelo arcabouço teórico que discutimos no capítulo anterior, esta camada procura definir e acompanhar o panorama de gestão de *stakeholders* no contexto de um projeto, evidenciando mudanças e tendências, contribuindo para incluir os aspectos sociais na tomada de decisão.

Entre as principais teorias que fundamentam a camada de análise e priorização, estão abordagens como a do modelo de relevância dos *stakeholders*[10], análise de redes sociais[138], além das análises baseadas na matriz de influência[132]. A inclusão destes métodos na camada de análise e priorização baseou-se em dois critérios: O primeiro refere-se ao alinhamento entre o modelo e a metodologia AVAS, adotada como suporte. A metodologia AVAS foi originária de uma revisão da literatura, a qual norteou tanto a seleção dos conceitos e processos, como o desenvolvimento de novas propostas, estendendo as metodologias originais em função do atendimento a novas necessidades; O segundo critério, refere-se a aplicação dos recursos computacionais para ampliar a capacidade de análise destes métodos. Acredita-se que a integração dos aspectos tecnológicos diante das abordagens analíticas propostas nas técnicas e métodos utilizados, pode contribuir de fato para ampliar o entendimento acerca de uma determinada realidade social, no entanto, um alinhamento entre as tecnologias disponíveis e as metodologias propostas é preponderante para o sucesso das análises discutidas nesta camada.

Diante disso, três perspectivas norteiam o núcleo de suporte à decisão da camada de análise e priorização, entende-se por perspectiva, o ambiente de análise oferecido em cada uma das três visões analíticas propostas nesta camada. Essas perspectivas são:

i. **A relevância dos *stakeholders*:** Sua função no modelo é mensurar o grau de relevância de cada interveniente diante de determinados objetivos. Neste contexto, o processo de análise e priorização apoia-se em um conjunto de atributos cujo cruzamento viabiliza a construção de cenários nos quais os *stakeholders* são alocados;

ii. **Análise das relações:** Este processo baseia-se nos conceitos da análise de redes sociais (*Social Network Analysis* - SNA) para propor uma perspectiva de análise de partes interessadas baseada também nas relações entre os intervenientes. Acredita-se que a aplicação dos conceitos de SNA no campo da gestão de *stakeholders* permitirá a realização de análises mais consistentes, na medida em que, passam a contar com uma perspectiva a ser integrada aos métodos tradicionais;

iii. **Matriz de influência**: Esta análise consiste na organização dos atributos em um contexto matricial no qual os quadrantes são definidos em função dos atributos que compõem o seu eixo. Assim, a análise da influência consiste em uma análise cartesiana dos atributos que se deseja investigar. A análise baseada em matriz utiliza os quadrantes para delinear os cenários nos quais os intervenientes são classificados.

As perspectivas da camada de análise e priorização são explicadas detalhadamente a seguir:

i. Relevância dos *stakeholders*

O processo de análise da relevância dos *stakeholders* objetiva, através da integração dos atributos descritos na seção anterior, elaborar cenários nos quais os intervenientes serão alocados. A análise preconiza que a combinação de determinadas características encontradas em um dado interveniente pode revelar o seu perfil diante dos objetivos de um projeto.

Conforme observamos, o processo de análise da relevância baseia-se inicialmente em três atributos complementares, sendo eles: poder, comprometimento e urgência[10]. Diante disso, as possíveis combinações entre os atributos serão utilizadas para revelar o perfil de cada interveniente no tocante a sua relevância para consecução dos objetivos do projeto.

A análise conjunta dos atributos deverá contribuir para que os gestores e gerentes de projeto atentem para os principais grupos de *stakeholders* ou *stakeholders* "chave", permitindo envidar esforços mais direcionados, ampliando sistematicamente sua capacidade de gerenciamento. A Figura 25 procura representar a transição da classificação para a priorização.

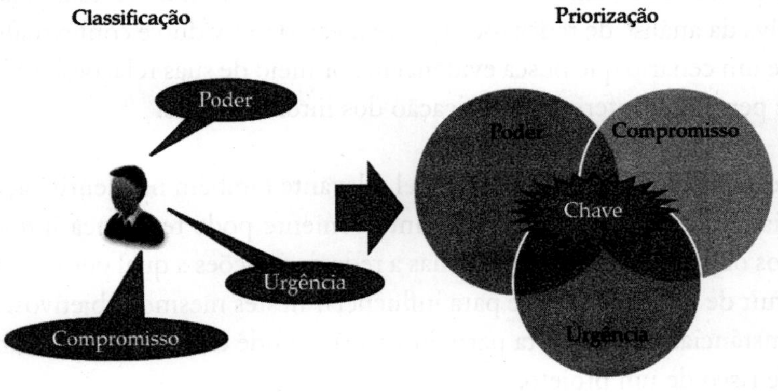

Figura 25: Transição da classificação para a priorização

Observamos, portanto, que o processo de análise e priorização das partes interessadas consiste em uma etapa fundamental para entender e gerenciar mais efetivamente o núcleo-chave de partes interessadas no contexto de um projeto. Identificar tais intervenientes contribui tanto para alcançar os objetivos almejados, como um meio para obter ganhos de eficiência neste quesito, dado que, os esforços são envidados em direções mais assertivas, avaliando o tipo de *stakeholder* e o grau de impacto destes nas decisões de projeto. No capítulo anterior, descrevemos detalhadamente estes possíveis cenários, caso não se lembre, vale a pena revisitar a seção "PRIORIZAR AS PARTES INTERESSADAS" do capítulo anterior.

ii. Análise das redes sociais

Mitchell definiu o conceito de análise de redes sociais como um conjunto específico de ligações entre pessoas, com propriedades adicionais que determinam as características das interligações[10]. Analisando este conceito em relação à análise de partes interessadas, observa-se certa adequação no que se refere aos esforços direcionados para interpretar o comportamento social de um conjunto de indivíduos.

O processo de análise de redes sociais fornece uma perspectiva de análise ao contexto da gestão de *stakeholders.* Enquanto nas abordagens tradicionais enfatiza-se o indivíduo como o nível mais elementar da gestão de *stakeholder*, na perspectiva da análise de redes sociais, este mesmo indivíduo é contextualizado diante de um cenário que busca evidenciar, por meio de suas relações, informações que permitam inferir a classificação dos intervenientes.

A análise das redes sociais tem um papel relevante também na identificação de influências ocultas. Nestes casos, um interveniente pode ter pouca influência diante dos objetivos de um projeto, mas a rede de relações a qual pertence pode o constituir de poder suficiente para influenciar nestes mesmos objetivos. Nestas circunstâncias, ignorar esta parte interessada pode elevar substancialmente o grau de risco de um projeto.

Argumenta-se que mesmo *stakeholders* cuja influência é nitidamente baixa, não devem ser tratados como "fracos", sob pena de que estes mesmos intervenientes ascendam a papéis mais relevantes ao longo do projeto. Embora seja uma argumentação importante, esta medida não é eficaz em casos nos quais a influência emana por meio de uma rede que envolve outros intervenientes. Nestes casos, a aplicação da análise de redes sociais combinada às demais técnicas de análise propostas na metodologia AVAS, poderá proporcionar ganhos mais efetivos no que se refere ao entendimento das dinâmicas sociais no contexto de um projeto.

Observa-se, portanto, que adotar os conceitos de ARS para compor um ambiente de análise visual de dados acerca dos *stakeholders*, pode fornecer aos gerentes de projeto um panorama holístico das relações e características dos intervenientes. Uma estrutura formal, baseada em grafos, permite a identificação rápida de padrões contidos nas relações entre os *stakeholders* que podem, através de suas representações, fornecer um amplo suporte à tomada de decisão. Neste contexto, a utilização de medidas como: centralidade, que permite analisar a influência de um nó em determinada rede[174]; cliques; tamanho de uma rede; medidas de densidade; entre outras, podem contribuir para ampliar o entendimento do perfil dos intervenientes no contexto de um projeto. O ambiente proposto neste trabalho, AVAS, está fortemente baseado nos conceitos de Análise de Redes Sociais (ARS).

No âmbito da gestão de *stakeholder*, as medidas de Cliques e Centralidade podem revelar características importantes a respeito dos intervenientes de um projeto. Em geral, argumenta-se que os elos com maior quantidade de conexões tendem a ser os mais importantes na rede social. Para alguns autores a rede é, sobretudo, um ambiente de troca que se dá em vários níveis, podendo atingir atores de diferentes formas. Desta maneira, nem sempre a quantidade de conexões diretas representará a posição de um interveniente em uma rede. As medidas de cliques e centralidade contribuem para entender o papel dos atores em um dado contexto social.

Os cliques objetivam evidenciar os elos que expressam a natureza das relações entre os intervenientes. Esta medida demonstra um conceito fundamental da análise de rede social denominado por coesão social[154]. Esta medida contribui para identificar os nós que evidenciam relações com maior grau de proximidade formando grupos que são informalmente denominados por "panelinhas". Emyrbayer[172] definiu os cliques como: "*grupo de atores no qual cada um está direta e fortemente ligado a todos os outros*". Em geral, a literatura sobre redes sociais assume que os cliques podem representar um grupo específico ou mesmo a movimentação em torno de um determinado problema[173]. Ao investigar a natureza destas relações ou suas motivações, pode-se eventualmente identificar aspectos relevantes para o engajamento destes intervenientes, como expectativas e necessidades compartilhadas que poderão representar uma oportunidade para os gestores na ampliação de suas estratégias de engajamento dentro de grupos específicos.

Analogamente, alguns cliques podem ser formados por atores pertencentes a diferentes grupos, denominados por cliques intercampos[173]. A identificação destas relações pode evidenciar intervenientes relevantes no processo de troca e transferência de informações. Assim, conhecer estes intervenientes pode contribuir tanto internamente, na formação de equipes multidisciplinares através da identificação de suas habilidades frente ao seu posicionamento nos grupos, como externamente, ao ecoar as iniciativas de engajamento dentro dos grupos aos quais faz parte. Uma ampla variedade de abordagens foi proposta na literatura como forma de mensurar os cliques de uma rede, assim, sua utilização dependerá exclusivamente das motivações que conduziram a realização desta análise. A Figura 26 representa esses agrupamentos.

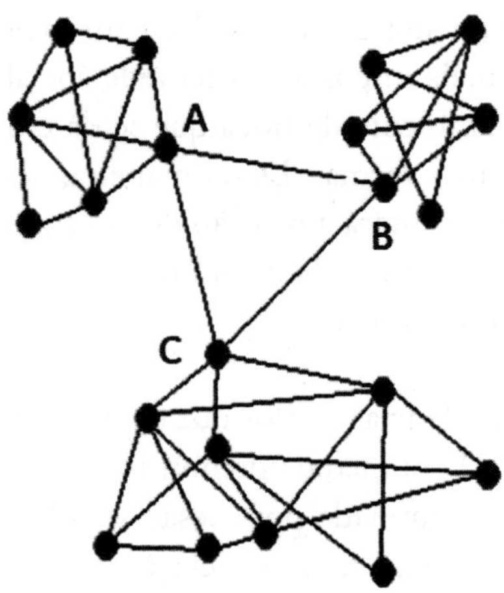

Figura 26: Representação dos Cliques em uma Rede Social

A Figura 26 exemplifica o conceito dos cliques por meio de uma rede de relações contendo três agrupamentos principais distintos. Ao assumirmos que um clique seja formado por subgrupos de no mínimo três indivíduos, pode-se observar, além da existência dos cliques internos restritos aos seus agrupamentos, pelo menos um clique intercampo, denotado pelos atores A, B e C. No contexto da gestão de *stakeholders*, esses intervenientes podem assumir um papel relevante na comunicação das estratégias de engajamento diante dos seus respectivos grupos.

Já as medidas de centralidade permitem analisar a influência de um ator na rede através da mensuração da quantidade de conexões que o interligam[174]. Embora esta medida não denote relações de hierarquia, em geral, a centralidade traz consigo a ideia de poder[232]. Tende-se a acreditar que quanto mais conexões um ator possuir, melhor posicionado ele estará para obter e fornecer informações dentro da rede ampliando, consequentemente, sua capacidade de influenciar os outros intervenientes. Ao analisar os intervenientes internos e externos que possuam esta característica, diante dos temas que para eles são relevantes, têm-se, por exemplo, a chance de selecionar mais assertivamente *stakeholders* com maiores habilidades para fornecer ou coletar um dado conjunto de requisitos de um projeto. A Figura 27 exemplifica o conceito da centralidade representado pelo nó "F".

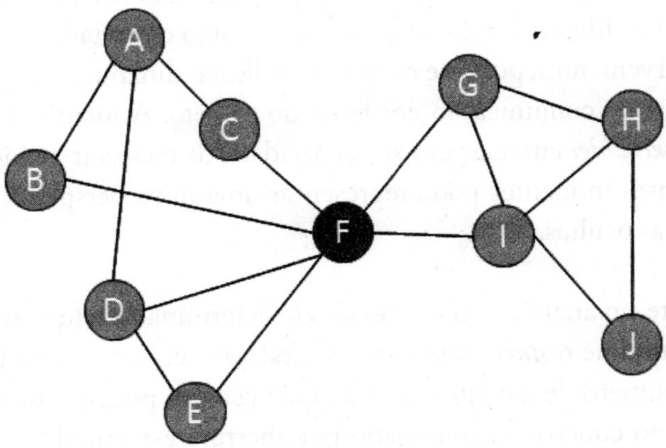

Figura 27: Rede social exemplificando a centralidade

A centralidade de uma rede pode ser dividida em três categorias básicas[175]: **(a) centralidade de grau,** na qual mensura-se a quantidade de laços que um ator possui com outros atores na rede; **(b) centralidade de proximidade**, a qual baseia-se na proximidade ou distância de um ator para outro da rede; **(c) centralidade de intermediação,** que refere-se às ligações intermediárias que interconectam atores que não estão diretamente conectados. O conceito de centralidade proposto por Freeman tem motivado diversos estudos[176,163,173].

Ao analisar as medidas de centralidade na perspectiva da gestão de *stakeholders*, pode-se perceber sua utilidade na identificação dos fluxos de influência que permeiam uma rede social. A análise da centralidade de grau, por exemplo, pode relevar intervenientes influentes no contexto de um projeto, sendo útil ainda na identificação das influências ocultas que circundam o projeto.

Analogamente, a análise da centralidade por proximidade pode permitir maior entendimento acerca do fluxo de informação em uma rede. Tende-se a acreditar que intervenientes mais próximos dos outros atores podem atuar mais ativamente na concepção de ideias em função da sua posição privilegiada no que se refere ao fluxo de informações, sendo importantes na construção de equipes multidisciplinares ou ainda na construção de objetivos e metas de engajamento.

Por fim, a centralidade de intermediação permite evidenciar o alcance das relações indiretas. Identificando-se quais atores estão conectados indiretamente a outros intervenientes, pode-se entender melhor a dinâmica da rede e utilizar esta estratégia de comunicação em favor do projeto. A identificação da relevância do *stakeholder* em relação a sua capacidade de conectar-se indiretamente a intervenientes influentes pode representar uma nova perspectiva da análise das influências ocultas.

Curiosamente, ao analisar a centralidade de determinado interveniente, pode-se ainda notar que o *stakeholder* mais central não será necessariamente o ator com maior número de contatos diretos. Este cenário pode ser explicado também através do conceito denominado por abertura estrutural[173]. A Figura 28 apresenta uma rede para exemplificar tal conceito.

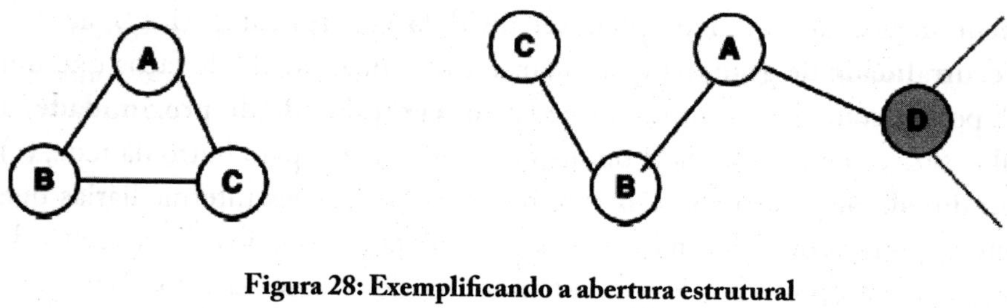

Figura 28: Exemplificando a abertura estrutural

A Figura 28 ilustra um clique formado pelos intervenientes A, B e C, cuja comunicação restringe-se apenas a este ciclo. Neste caso, a quantidade de novas informações ou a capacidade de influência limita-se apenas aos atores deste grupo. Todavia, ao remodelarmos esta rede assumindo que A e C não se comunicam diretamente e incluindo um novo ator D, que por sua vez, pertence a outro clique, têm-se uma ampliação significativa na quantidade de informações que passam a permear esta rede. Este efeito se dá em função de dois aspectos, a remoção da redundância e a inclusão de um novo interveniente oriundo de outra sub-rede. Diante disso, pode-se observar que com a mesma quantidade de contatos o interveniente A poderá alcançar um número significativamente maior de intervenientes, a este efeito dá-se o nome de Abertura Estrutural ou, em alguns casos, centralidade de intermediação.

Adicionalmente, podemos realizar análises apoiadas na otimização das relações. Assim, um interveniente poderá estar posicionado em uma rede de forma que suas relações adotem uma estratégia de comunicação mais efetiva, influenciando além das suas relações diretas, um conjunto de relações indiretas, derivadas das primeiras. Utilizando-se esta estratégia, intervenientes com menos contatos diretos podem influenciar um grupo maior de atores em uma determinada rede. No ambiente AVAS, identificar intervenientes com tais características pode ser extremamente útil, uma vez que, as ações de engajamento podem ser direcionadas a estes stakeholders e, por estas relações de influência, alcançar um maior número de nós ou pessoas da rede.

É fato conhecido que a identificação dos *stakeholders* relevantes é preponderante para o sucesso das ações de engajamento e embora o modelo de relevância dos *stakeholders* tenha grandes contribuições neste quesito, a utilização de abordagens alternativas como a análise de redes sociais poderá trazer benefícios significativos. Na perspectiva do ambiente AVAS, tratam-se, portanto, de abordagens complementares a serem utilizadas de forma sinérgica e coordenada, com o propósito de contribuir para estabelecer relações sustentáveis no cenário do gerenciamento de projetos.

iii. Matriz de influência

Proposta por Johnson et al[132], a matriz de influência é um método complementar para realizar a priorização dos *stakeholders* com base na aferição do grau de influência dos intervenientes diante dos objetivos de um projeto. Para os autores, a matriz de influência baseia-se na análise integrada entre dois atributos: **Poder** e **Interesse**. Esses atributos são utilizados para formar os eixos pelos quais serão delineados os quadrantes que deverão identificar os níveis de influência dos *stakeholders* analisados.

Na perspectiva do ambiente AVAS, procurou-se com base na metodologia proposta, estender as possibilidades de cruzamento para além dos atributos poder e interesse. Portanto, além desta combinação, têm-se a possibilidade de realizar comparações que envolvam, por exemplo, o **poder x posicionamento, poder x compromisso, interesse x urgência**. Cada análise poderá levar a constatações ou inferências que deverão contribuir para formar o perfil dos intervenientes do projeto.

No ambiente AVAS os atributos definidos na camada de classificação são estruturados sob uma escala que mensura o grau do atributo em função do interveniente, de modo que, ao estruturar os eixos levando em consideração seus valores de referência, obtém-se uma estrutura cartesiana na qual deverão ser plotados os pontos que deverão identificar o quadrante ou as tendências de um *stakeholder* no contexto em análise. A Figura 29 apresenta como os intervenientes podem ser alocados na matriz com base nos valores de seus respectivos atributos.

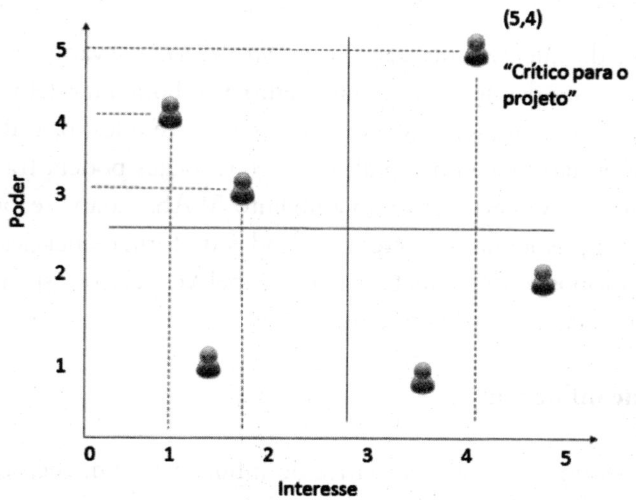

Figura 29: Matriz de influência proposta no Ambiente AVAS. Adaptada de 132

Analisando a Figura 29, pode-se observar que a matriz de *stakeholders* proporciona uma visão holística em função dos eixos analisados. Sua disposição em quadrantes evidencia os níveis de poder e interesse de cada interveniente, de forma que alto poder e alto interesse o caracterizam como crítico para a consecução dos objetivos de um projeto. Esta mesma abordagem poderá ser aplicada utilizando diferentes atributos e configurações. Ao analisar o poder e o posicionamento têm-se a possibilidade de analisar a propensão de um interveniente apoiar ou opor-se aos objetivos de um projeto.

Observa-se, portanto, que a camada de análise e priorização depende dos processos de identificação e classificação para prover análises e visões consistentes. Conforme os *stakeholders* são classificados, novos contextos vão sendo reproduzidos nas diferentes abordagens de priorização. A qualidade das análises está, portanto, diretamente ligada a bons processos de identificação e classificação.

Entende-se que a atividade de análise e priorização é contínua e passível de melhoria durante o ciclo de vida do projeto. Diante disso, a estrutura metodológica que fundamenta o ambiente AVAS preconiza uma abordagem baseada em ciclo de melhoria da gestão de *stakeholders*. Na medida em que novas informações são obtidas, amplia-se proporcionalmente a capacidade de análise dos gestores. Do mesmo modo, informações obtidas por fontes de dados primárias naturalmente levarão a maior qualidade das análises. Cabe lembrar que no capítulo anterior observamos algumas possíveis classificações para a matriz de influência, assim, em caso de dúvidas acerca da análise destes resultados, basta revisitar a seção "PRIORIZAR AS PARTES INTERESSADAS" e localizar as descrições dos atributos na matriz de influência.

Camada de Engajamento

A camada de engajamento tem como função principal contribuir para responder as três questões fundamentais do ambiente AVAS, sendo elas: Quem, o quê e como engajar. Para tanto, esta camada conta com a contribuição de todas as camadas adjacentes do modelo.

Para definir **(1) Quem engajar**: a camada de identificação e classificação deverá conduzir a uma lista de *stakeholders* que deverão compor o escopo das ações de engajamento. Na medida em que os *stakeholders* são analisados na camada de priorização e análise, uma ordem de priorização deverá ser estabelecida, a fim de direcionar as ações de engajamento aos *stakeholders* chave do projeto. Assim, conforme o projeto avança, novas partes interessadas são incluídas sistematicamente através do resultado desses processos. Esta sistemática deverá contribuir para responder o questionamento acerca de quem engajar.

A definição sobre **(2) O quê engajar** é fundamentada no trabalho de Rocha e Goldschmidt[226]. Nesse estudo, os autores definem este questionamento como a identificação dos temas mais relevantes a serem tratados durante as ações de engajamento dos *stakeholders*. Cabe aqui, observar a complementaridade entre as questões, ou seja, o questionamento "*quem engajar*" conduz a identificação dos *stakeholders* chave do projeto em ordem de priorização, a definição de "*o quê engajar*" se utilizará deste mesmo grupo de *stakeholders*. Entretanto, neste processo, esta análise deverá ser complementada com as análises dos temas relevantes na perspectiva dos intervenientes do projeto. Esta correlação entre os atributos integrados aos temas de interesse fornecidos pelos *stakeholders* deverão conduzir ao foco prioritário das ações de engajamento, contribuindo para responder o questionamento acerca de "*O que engajar*".

O questionamento de **(3) Como engajar** refere-se a quais ferramentas podem ser utilizadas para realizar o engajamento dos *stakeholders* no contexto do projeto. O ambiente AVAS deverá oferecer uma estrutura de apoio à decisão que oriente os gestores sobre o andamento das ações de engajamento. Entre as principais ferramentas de acompanhamento adotadas na metodologia AVAS, pode-se citar a matriz de engajamento de *stakeholders*. Proposta por McElroy e Mills[29], esta matriz revela o estado atual do engajamento dos intervenientes em relação ao estado desejado. As ações de engajamento tomadas pelos gestores e equipes de projeto deverão conduzir os intervenientes de um ponto a outro da matriz. A Figura 30 ilustra esta relação.

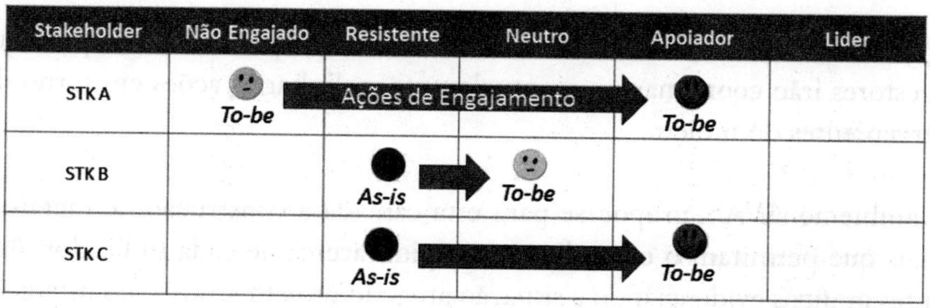

Figura 30: Matriz de engajamento de *stakeholders*

A matriz de engajamento tem como função prioritária revelar o estado atual (as-is) e o estado desejado (to-be) do engajamento dos *stakeholders*. Em última análise, estes indicadores representarão o andamento da própria gestão de *stakeholders*. Além do estado as-is e to-be, a definição sobre como engajar também prescinde de ferramentas que permitam o acompanhamento contínuo do engajamento, refletindo o sucesso ou não das medidas de engajamento tomadas no projeto. Neste aspecto, a camada de engajamento deverá utilizar a camada de persistência ou de armazenamento de dados para guardar as informações atuais e históricas. Esta estrutura permite mensurar a eficácia das ações, possibilitando que o gestor escolha entre as abordagens disponíveis, aquela que mantém maior adequação com o contexto social analisado.

Pode-se observar, através da aplicação prática dos métodos de engajamento apresentados nesta seção, que a camada de engajamento tem um papel relevante. Seja por sua abordagem conceitual, fundamentada na própria metodologia AVAS, discutida no capítulo 10. Seja por meio dos seus aspectos práticos, uma vez que, a camada procura oferecer os meios para responder as três questões fundamentais do gerenciamento de *stakeholders:* Quem; O quê e Como engajar.

Indicadores de Engajamento

Os indicadores de engajamento representam a capacidade de melhoria contínua dos processos de gestão de *stakeholders*. Fundamentalmente, estes indicadores deverão reunir, com base em um conjunto de métricas, informações de referência que norteiem os gestores acerca dos avanços na gestão de *stakeholders* durante todo o ciclo de vida de um projeto. A cada etapa vencida, novas informações são coletadas e passam a compor o núcleo de indicadores de engajamento. Esta visão unificada deverá formar o ponto central pelo qual os gestores irão coordenar ou eventualmente realinhar as ações em torno dos intervenientes do projeto.

No ambiente AVAS, propõe-se para esta camada a construção de metáforas visuais que permitam o entendimento rápido acerca de cada indicador. Ambientes gráficos evidenciando a situação atual do projeto através das interações dos atributos propostos, aliados a características como o tempo e valores de referência podem ilustrar como as partes interessadas estão representadas no âmbito de um projeto.

Os indicadores de engajamento estão divididos em três macro-categorias, sendo elas: (1) Indicadores baseados no indivíduo, (2) Indicadores baseados nas redes de relações e (3) Indicadores baseados nas metas estabelecidas nos planos de gestão de *stakeholders*. Estes indicadores serão apresentados separadamente a seguir.

1. Indicadores baseados no indivíduo

Os indicadores baseados no indivíduo são aqueles que representam o estado atual de um indivíduo no tocante ao seu engajamento diante dos objetivos do projeto. Eles são aferidos através da correlação entre os atributos disponíveis na camada de classificação.

Para tanto, sob essa perspectiva, propõe-se a estruturação de quatro indicadores genéricos a serem utilizados em qualquer projeto, além de sugerirmos a possibilidade de elaboração de outros indicadores baseados no cruzamento de diversos atributos. Esta flexibilidade objetiva garantir a adequação do modelo em diferentes cenários de projeto. Entre os indicadores genéricos, sugerem-se as seguintes medições:

***Stakeholders* críticos para o projeto**: Esta medida poderá ser aferida através da avaliação conjunta dos atributos poder, compromisso e urgência. Intervenientes que possuem valores de referência nos três atributos, concomitantemente, já são por si críticos para o projeto. Entretanto, a análise mais detalhada pode eventualmente levar a uma ordenação destes *stakeholders* em função da soma dos seus atributos individuais.

***Stakeholders* influentes**: Esta medida poderá ser aferida através da avaliação do poder versus interesse. Em concordância com a matriz de influência. A incidência de poder alto e interesse alto representará os intervenientes críticos para o projeto.

Temas relevantes por posicionamento: A aferição destas medidas poderá ser baseada nos temas relevantes disponíveis na camada de classificação, bem como, no posicionamento aferido a cada contato realizado com o *stakeholder*. A dinâmica do atributo posicionamento, representa um importante elemento para revelar o humor de um *stakeholder* diante das decisões de projeto, assim, acredita-se que a integração deste atributo com uma análise detalhada dos temas por intervenientes pode conduzir a um maior entendimento acerca da qualidade e assertividade das ações de engajamento no contexto em estudo.

Análise histórica do poder, interesse e posicionamento: Este indicador deverá representar uma análise histórica que demonstre as eventuais mudanças nos atributos poder, interesse e posicionamento durante o ciclo de vida do projeto. Este indicador objetiva apresentar tendências ou mudanças que estejam presentes em mais de um atributo. Neste caso, tais mudanças poderiam culminar na reclassificação de um interveniente e conforme seu posicionamento, este novo cenário poderia trazer impactos ao projeto. O acompanhamento deste indicador poderá revelar as mudanças que requerem uma análise mais detalhada ou eventuais correções de curso das ações gerenciais.

Acreditamos que esses indicadores genéricos poderão ser aplicados em qualquer contexto do projeto, entretanto, naturalmente, os cenários de gerenciamento de projeto são únicos e, em determinados casos, pode haver a necessidade de implementar novos indicadores com o fim de garantir a aferição sistemática de um dado grupo de atributos. Assim, propõe-se que o ambiente AVAS mantenha em seu escopo a capacidade de acoplar novos indicadores customizados ao contexto das análises baseadas no indivíduo.

2. Indicadores baseados nas redes de relações

Os indicadores baseados nas redes de relações evidenciam, com base nos conceitos de Análise de Redes Sociais (ARS), características que contribuam para o acompanhamento dos intervenientes na perspectiva da sua participação no contexto social de um projeto. Conforme discutimos na seção anterior, as medidas proporcionadas pelas análises de redes sociais podem ser especialmente úteis no contexto da gestão de *stakeholders*. A geração de indicadores baseados nestas métricas pode auxiliar o acompanhamento dos *stakeholders*, consolidando as análises tradicionais, realizadas por meio de entrevistas e questionários com uma visão baseada em rede, melhorando significativamente a análise, gestão e entendimento destes cenários.

Entre as métricas mais relevantes na perspectiva da gestão de *stakeholders* pode-se incluir os cliques e centralidade. Acredita-se que estas medidas contribuirão para elaborar indicadores alinhados às necessidades, tanto no que se refere às análises baseadas em rede, como na construção semântica das informações, quando analisadas conjuntamente com outros indicadores disponibilizados pela camada de indicadores de engajamento.

Os cliques representam os atores que mantêm relações mais estreitas com outros atores da rede. Ao analisar as relações diretas em uma rede, pode ser possível evidenciar a formação de grupos. Assim, ao confrontar estes grupos com as suas características adicionais como temas relevantes ou posicionamento, pode-se chegar à natureza do problema que interliga determinado grupo e então elaborar estratégias de engajamento para conter um possível impacto no projeto.

Da mesma forma, as medidas de centralidade, na perspectiva da gestão de *stakeholders*, podem ser especialmente eficazes na identificação das influências ocultas. Este indicador pode ser aferido através de uma leitura integrada das análises dos cliques e centralidade em relação aos demais atributos associados aos intervenientes. Na falta de atributos que validem sua posição na rede, tende-se a acreditar que se trata de um caso de influência oculta. Esta análise poderá levar a reclassificação do *stakeholder*, assim como, ao realinhamento das ações de engajamento em função do grau de relevância estimado para esta parte interessada antes oculta.

3. Indicadores baseados nas metas de engajamento

As metas de engajamento devem, em geral, ser definidas quantitativamente. Suas definições devem ser formuladas em função do plano de engajamento elaborado pela equipe de projeto. Desta forma, a camada de classificação poderá oferecer indicadores como a quantidade de *stakeholders* identificados ou mesmo a quantidade média de indicações feita pelos *stakeholders* identificados, através da abordagem bola de neve. Do mesmo modo, a camada de classificação poderá, entre outras métricas, aferir a qualidade das informações coletadas em função das fontes de dados utilizadas ou a quantidade de *stakeholders* classificados. A priorização poderá fornecer indicadores quantitativos que denotem a quantidade de *stakeholders* críticos ou mesmo a quantidade de *stakeholders* que modificaram seu posicionamento para menos favoráveis.

Já as metas relacionadas ao engajamento deverão ser baseadas na matriz de engajamento. Durante a execução dos processos de classificação, essas metas são inferidas com base nos atributos coletados, ou seja, o estado atual (as-is) do engajamento de um determinado *stakeholder.* Conforme avançam os processos de análise e priorização, são definidos os estados desejados (to-be), denotando, do ponto de vista dos objetivos do projeto, qual seria o engajamento desejado de um interveniente para ampliar as chances de sucesso do projeto.

Acredita-se que a camada de Indicadores de engajamento poderá fornecer aos gestores e equipes de projeto uma visão holística do cenário dos *stakeholders,* permitindo a realização de análises rápidas que deverão conduzir a novas melhorias a cada ciclo. Esta dinâmica reafirma o conceito de melhoria contínua preconizado pela metodologia que fundamenta o ambiente AVAS.

Camada de Monitoramento

A camada de monitoramento deverá permitir a aferição contínua dos resultados dos processos de gestão de *stakeholders.* Integrada aos indicadores de engajamento esta camada deverá fornecer uma visão holística acerca do estado atual do projeto, apresentando tendências e mudanças que poderão eventualmente culminar em ajustes nos planos de gerenciamento utilizados.

Retornando ao modelo conceitual da arquitetura AVAS, ilustrado na Figura 21, podemos observar que a camada de monitoramento permeia todas as camadas adjacentes do modelo. Esta representação evidencia a necessidade de uma estrutura integrada, reunindo em diferentes estágios no tempo, informações que deverão contribuir para formar os indicadores discutidos na seção anterior.

Assim, a camada de monitoramento deverá viabilizar a coleta de dados resultantes de cada camada adjacente do modelo. Neste contexto, os indicadores serão ajustados a cada etapa do processo. Quando um processo enfim alcançar a camada de indicadores de engajamento, seus dados serão disponibilizados através das metáforas visuais a serem implementadas. Espera-se com esta modelagem que a camada de monitoramento contribua para a melhoria contínua de todos demais elementos do modelo, uma vez que, os indicadores serão dinamicamente disponibilizados em função dos avanços no ciclo de melhoria da gestão de *stakeholders*.

Camada de Persistência ou Armazenamento de Dados

A camada de persistência ou armazenamento de dados também figura no modelo como um ambiente que perpassa diversos processos e camadas. Esta representação mostra a capacidade de interações com as informações por toda extensão do modelo, permitindo que as camadas, embora complementares, possam desacoplar-se. Garantindo maior flexibilidade na aplicação do modelo para os interesses de cada projeto.

A representação em camadas objetiva, além do desacoplamento, a possibilidade de utilizar diferentes meios de gravação. Sob o aspecto técnico, acredita-se que a utilização de padrões de projeto de software poderá contribuir para o desacoplamento desta camada, garantindo tal possibilidade.

No ambiente AVAS, a camada de persistência tem duas funções principais: a primeira refere-se à persistência das informações transacionais, ou seja, a guarda e recuperação das informações que serão utilizadas para operacionalizar o sistema. A segunda refere-se à persistência das meta-informações. Basicamente, consiste em realizar a persistência dos resultados obtidos através da camada de monitoramento. Uma vez armazenados, os dados poderão ser avaliados por meio de transferência, consultas e cálculos que serão utilizados para gerar as metáforas visuais. Este ambiente deve ainda fornecer as condições necessárias para suportar as decisões dos gestores.

A estruturação dos dados em formatos que permitam desde o cruzamento de informações até a análise de características mais básicas, com a aplicação de filtros e condições dinâmicas durante as análises serão de grande utilidade para apoiar as decisões de projeto na perspectiva das partes interessadas.

Acredita-se que esta camada poderá oferecer os meios para a guarda e distribuição das informações trafegadas entre as camadas, de forma que tais registros conterão, em última análise, a história de cada projeto, tornando-se uma importante base de conhecimento e uma fonte confiável de lições aprendidas para projetos futuros.

Resumo do Capítulo

Apesar das poucas iniciativas práticas observadas na literatura, a adoção da tecnologia da informação como forma de apoiar o processo de gestão de *stakeholders* vem ganhando grande reconhecimento[233]. A fundamentação encontrada nas teorias disponíveis, tem levado pesquisadores a debruçar-se sobre o tema, conduzindo a abordagens que envolvem, por exemplo, a integração dos conceitos de análise de redes sociais (ARS) no contexto da gestão de partes interessadas. Ao ampliar a capacidade dos gestores e gerentes de projeto em entender e diferenciar seus *stakeholders*, sob a perspectiva dos seus anseios e necessidades, a tecnologia da informação não só contribui para o sucesso do projeto, como também, na construção de relações sustentáveis entre as empresas, seus projetos e seus stakeholders.

No contexto da engenharia de software, observa-se que a análise de redes sociais pode ter um papel relevante tanto nos processos voltados à engenharia de requisitos, como na própria condução dos projetos, contribuindo para reduzir as distâncias entre os intervenientes, as equipes e os projetos.

Abordamos neste capítulo um modelo conceitual para sistematização dos processos de gestão de *stakeholders*. Estendemos e remodelamos abordagens encontradas na literatura, integrando-as de forma sinérgica, com o fim de sugerir uma estrutura processual de gerenciamento. O modelo ilustrado na Figura 21, que norteou esta seção, está inteiramente fundamentado pelo **ciclo de melhoria da gestão de stakeholders**, apresentado no capítulo 10. Para cada camada do modelo, foram definidas ferramentas, métodos e técnicas para coleta e análise de dados com o fim de traçar um panorama da gestão de *stakeholders* em um dado contexto. A estrutura do modelo tem por objetivo permitir que gestores e gerentes de projeto possam maximizar seu entendimento acerca do cenário social que os cercam, passando a analisar os impactos e ações que podem ser tomadas para ampliar as chances de sucesso.

No próximo capítulo apresentaremos uma ferramenta computacional que engloba os processos descritos neste capítulo. O objetivo do próximo capítulo é demonstrar de forma prática, como o ambiente de visualização e análises sociais (AVAS) pode apoiar de fato a informatização dos processos pertinentes à gestão e gerenciamento de *stakeholders*.

Capítulo 12

AVAS: Uma Plataforma de Análise Baseada na Web

Neste capítulo discutiremos a aplicação de software desenvolvida para suportar os processos do ambiente de visualização e análises sociais. Para tanto, acompanharemos o desenvolvimento de um estudo de caso no contexto de um projeto de software durante as fases de mapeamento e análise dos *stakeholders* e observaremos a aplicação das funcionalidades em um contexto real e como estas mesmas funcionalidades alinham-se à metodologia proposta nos capítulos anteriores. O objetivo deste capítulo é oferecer subsídios que possam auxiliar o leitor no desenvolvimento de seus mecanismos de controle e gestão de *stakeholders*.

Para dar início ao processo, foram envidados esforços na construção do mapa de *stakeholders* de modo a permitir uma visão clara acerca da utilidade desta solução no cenário real. Vamos ver como isso funciona? Vamos lá.

Um Software para Apoiar a Gestão de *Stakeholders*

Com o fim de exemplificar a utilização dos conceitos abordados ao longo deste livro e sua aplicação no cenário real, será apresentada neste capítulo a solução de software AVAS. Fundamentalmente, esta aplicação de software engloba em seu escopo o conjunto de teorias apresentadas na metodologia AVAS, descrita detalhadamente no capítulo 10, integrando-a ao modelo arquitetural proposto no capítulo 11. Desta integração, emergiram os requisitos utilizados para a construção desta ferramenta.

A aplicação AVAS consiste em uma plataforma baseada na web com foco no mapeamento, classificação, análise e priorização de *stakeholders*. Trata-se de uma aplicação colaborativa, na qual as sequências de atividades foram delineadas em concordância com as teorias e abordagens adotadas nos conceitos que fundamentam esta solução.

As primeiras iniciativas relativas à construção de um ambiente informatizado para apoiar o gerenciamento de *stakeholders* no contexto da nossa pesquisa datam do ano de 2010. Construído pela empresa Sphera Tecnologia da Informação a pedido de um grupo internacional. Esta aplicação foi uma iniciativa na direção de utilizar-se da tecnologia da informação, em especial, tecnologias baseadas na web, como um meio para suportar os processos de gestão e gerenciamento de *stakeholders*.

Embora nesta época, o conceito de visualização ainda não estivesse presente na solução, algumas abordagens utilizadas contribuíram para o gerenciamento de *stakeholders* no cenário de projetos. Neste ponto, podemos citar a possibilidade de classificação de *stakeholder* em função de um pequeno conjunto de atributos, além da possibilidade de filtrar os intervenientes, o que naturalmente conduzia a formação de grupos de *stakeholders* mais específicos. Mesmo sem uma metodologia consistente, esta segmentação já contribui, em algum grau, para realização de algumas importantes ações de priorização.

A partir dessa experiência, observou-se a possibilidade de sistematizar os processos de gestão de *stakeholder* através de uma solução de software com foco não só no gerenciamento, mas principalmente no suporte à decisão em torno de um dado contexto social. Assim, o software foi estendido e remodelado durante a realização desta pesquisa, objetivando realizar a adequação de processo, atividades e funcionalidades aos conceitos preconizados pela metodologia e arquitetura conceitual documentadas nos capítulos 10 e 11. O produto desta pesquisa consiste, portanto, em uma restruturação do software original, culminando no desenvolvimento do **Ambiente de Visualização e Análises Sociais - AVAS**.

Fundamentalmente, o software foi desenvolvido em uma estrutura processual que tem seu início nas atividades de mapeamento, passando pelas etapas de classificação, até os ambientes de visualização, que viabilizam a análise e o monitoramento das dinâmicas sociais. As visualizações foram desenvolvidas a partir do conceito de metáforas visuais que discutimos brevemente no capítulo

6. No contexto do software AVAS, um conjunto de gráficos customizáveis são utilizados para demonstrar as relações entre os diferentes atributos coletados nas etapas de identificação e classificação. Assim, o AVAS permite a realização de análises baseadas em redes, demonstrando diferentes níveis de relação entre os indivíduos, análises hierárquicas ou TeeMaps, em quais blocos em diferentes cores e tamanhos são organizados de forma a demonstrar aspectos mais relevantes nas perspectivas dos stakeholders, além de visões baseadas em gráficos e matrizes. Em todos os casos, os atributos coletados na classificação podem ser mesclados entre si gerando uma nova informação a cada interação.

Além disso, o sistema conta ainda com as funcionalidades de suporte, como a inclusão de palavras-chave, a serem atribuídas aos intervenientes como forma de identificá-los ou o compartilhamento dos registros de interações com os *stakeholders*, são fatores que favorecem a comunicação, permitindo maior alinhamento entre as equipes de projeto e os seus intervenientes.

A estrutura processual tem como finalidade alinhar-se com o ciclo de melhoria da gestão de *stakeholders*, que discutimos anteriormente. Acredita-se que uma estrutura processual baseada nas melhores práticas de gestão pode contribuir para a sistematização dos processos de gestão de *stakeholders*, favorecendo aspectos como a mensuração do desempenho, melhoria contínua dos processos e, principalmente, aproximar gestores e gerentes de projeto dos anseios e expectativas dos seus *stakeholders*.

Do ponto de vista arquitetural, o software segmenta os grupos de funcionalidades em função das camadas propostas no modelo conceitual que discutimos no capítulo anterior. Respeitando suas interações e viabilizando as dinâmicas propostas pela troca de informações entre as camadas do modelo. A Figura 31 apresenta a visão da tela inicial do ambiente de visualização e análises sociais.

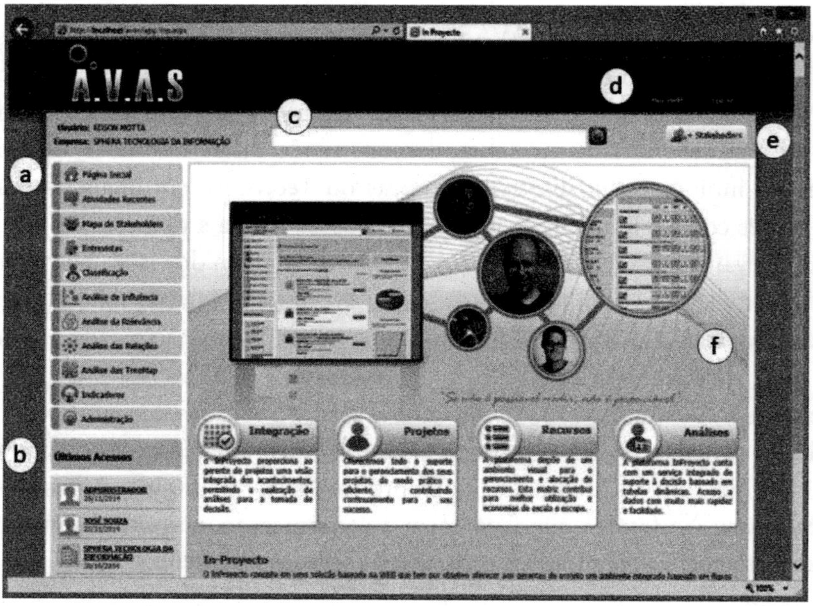

Figura 31: Página Inicial da aplicação AVAS

Após informar as credenciais de acesso, o usuário é direcionado à página inicial do sistema. A partir desta página, pode-se acessar todo o conteúdo do software através do menu lateral posicionado no canto superior direito da imagem, identificado pela letra (a). Imediatamente abaixo do menu lateral são listados os últimos acessos realizados (b). Esta funcionalidade é especialmente útil durante os processos de monitoramento, uma vez que se torna uma memória das últimas ações tomadas no sistema. Subsequentemente, observa-se no topo da página inicial, uma caixa de texto representada pela letra (c). Esta funcionalidade consiste em um mecanismo de busca que permite localizar qualquer *stakeholder* gerenciado pelo sistema. Esta pesquisa conduz à página do *stakeholder* contendo detalhes gerais acerca da situação, classificação, atributos, interações e todo conteúdo informacional disponível sobre o interveniente pesquisado. Ainda na parte superior, representado pela letra (d) e (e), são oferecidos os acessos ao perfil do usuário corrente do sistema, função sair, assim como o acesso a funcionalidade referente à inclusão de novos *stakeholders*. A letra (f) representa uma área na qual são descritas algumas funcionalidades objetivando retratar uma visão geral acerca dos principais objetivos do sistema.

Analisando o menu lateral pode-se observar os seguintes acessos:

Página inicial: É a página na qual são retratadas algumas funcionalidades e objetivos do sistema. Esta página tem como função, além de compor o layout do sistema, apresentar informações atualizadas acerca das principais funcionalidades.

Atividades Recentes: Esta página tem a função de manter e compartilhar os registros de interações com os *stakeholders* e com as equipes de projeto. Basicamente, este ambiente lista as postagens realizadas pela equipe de projeto, permitindo que os gestores analisem historicamente os eventos que envolveram determinado interveniente. Da mesma forma, este ambiente permite a réplica de cada postagem realizada, garantindo um mecanismo rápido e eficiente para registro das ocorrências durante a condução do projeto.

Mapa de *Stakeholders*: Consiste no ponto central do software, no qual todos os *stakeholders* podem ser localizados. Este ambiente permite a filtragem dos intervenientes em função de palavras-chaves associadas, dados pessoais ou informações acerca de sua classificação. O mapa de *stakeholders* tem um papel relevante no processo de gerenciamento, uma vez que um *stakeholder* não mapeado estará fora dos mecanismos de gerenciamento propostos por esta solução.

Entrevistas: Esta funcionalidade consiste na execução de um questionário estruturado com o fim de catalogar respostas que contribuam para a correta classificação e análise dos intervenientes. Este ambiente permite o registro ou transcrição das respostas oferecidas pelos entrevistados, além da possibilidade de compor um resumo baseado em palavras-chave. Estas palavras serão inseridas no sistema como os temas relevantes para cada interveniente. Assim sendo, a entrevista é o primeiro mecanismo de classificação.

Classificação: O processo de classificação está subdividido em duas etapas. A primeira refere-se à classificação com base na relevância de um dado interveniente. Assim, os atributos poder, comprometimento e urgência devem ser informados a fim de permitir a classificação de um dado interveniente segundo o modelo de relevância dos *stakeholders*.

O segundo processo de classificação consiste na aferição do impacto de um determinado interveniente diante dos interesses do projeto. Neste contexto, três atributos são necessários, sendo eles: poder, interesse e posicionamento. A definição do grau de poder e interesse, variando entre 0 e 5 são aplicados a uma matriz cujos eixos representam os valores destes mesmos atributos. Esta análise permite a aferição do grau de impacto do interveniente avaliado. O posicionamento é utilizado para mensurar a propensão de um *stakeholder* contribuir ou não com os objetivos do projeto.

Análises da influência: Consiste na aplicação de técnicas de visualização de informações com o objetivo de oferecer uma visão gráfica do mapa da influência dos *stakeholders* de um projeto. O mapa consiste em uma representação cartesiana dos atributos poder e interesse na qual os intervenientes são plotados em função dos seus valores de classificação e referência. Este ambiente permite ainda a realização de filtros dinâmicos além de modificações nos atributos dos eixos. Esta versatilidade nas consultas contribui para um maior entendimento da realidade social em análise, ao passo que reproduz um panorama do projeto na perspectiva da gestão de *stakeholders*.

Análise da Relevância: A análise da relevância reproduz gráfica e quantitativamente os agrupamentos de *stakeholders*, tomando como base o modelo de relevância dos *stakeholders* discutido no capítulo 10. O modelo de relevância dos *stakeholders* é estruturado com base no diagrama de Venn, ao qual, para cada interseção entre os conjuntos poder, comprometimento e urgência, são derivados os tipos de intervenientes do projeto. Esta visão fornece uma análise gráfica do diagrama de Venn, no qual são informados os resultados percentuais em cada área. A aplicação de filtros específicos baseados nas características dos intervenientes permite uma análise quantitativa em torno dos tipos de intervenientes do projeto.

Análise das relações: Trata-se de uma estrutura baseada em grafo que permite a visualização das relações entre os intervenientes do projeto. A análise de redes sociais pode trazer importantes contribuições para o processo de descoberta, análise e gerenciamento dos *stakeholders*.

Análise TreeMap: A análise *treemap* congrega três dimensões distintas, porém complementares: O grau de influência dos intervenientes, seus posicionamentos e os temas relevantes. Esta visão evidencia os temas críticos para os *stakeholders* do projeto. Esta análise é baseada na aferição quantitativa que calcula a média da influência e do posicionamento dos intervenientes. Seu resultado é uma visão gráfica dos temas subdivididos por áreas que representam um mapa dos temas relevantes por classificação de influência. Assim, temas mais recorrentes em áreas de influência alta, configuram temas críticos para o projeto. Esta visão contribui para que gestores e gerentes de projeto envidem esforços mais direcionados, auxiliando na construção do alinhamento entre expectativas e necessidades dos intervenientes com os interesses do projeto.

Indicadores: Os indicadores consistem basicamente em um conjunto de três gráficos interdependentes que permitem uma análise rápida do cenário da gestão de *stakeholders* no projeto, além de algumas informações quantitativas.

Neste contexto a análise inicia-se com um gráfico em formato de Pizza que demonstra a quantidade de *stakeholder* por classificação de influência ou impacto. Ao clicar em uma das subdivisões do gráfico são mostrados detalhes do item clicando em um gráfico em formato de barra, além de uma reprodução histórica que mostra a tendência baseada na média do posicionamento das últimas modificações. Acredita-se que esta estrutura contribua para cobrir as principais áreas da gestão de *stakeholders*, sistematizando seus processos e auxiliando no dia a dia deste campo de gestão.

Implementação e Abordagens Tecnológicas Utilizadas

Vamos traçar uma pequena ponte para explicar brevemente alguns aspectos técnicos do sistema. A relevância deste breve esclarecimento é demonstrar alguns caminhos possíveis para o desenvolvimento de ambientes de análises oferecendo insights que contribuam para o desenvolvimento de novas propostas.

Durante o processo de reestruturação do sistema para confecção do ambiente AVAS foi necessária uma análise minuciosa das funções e funcionalidades disponíveis na versão original do sistema, a partir da estrutura metodológica que se pretendia implementar. Diante disso, foi realizada uma análise das ações a serem tomadas para a construção do software, além de estudos voltados à adequação de conceitos aderentes a esta metodologia. Com base no plano de reestruturação, iniciou-se o processo de implementação.

A aplicação de software foi desenvolvida utilizando-se da IDE (*Integrated Development Environment*) fornecida pela Microsoft, denominada por Visual Studio. Essa decisão foi tomada em função da aplicação original encontrar-se nessa mesma plataforma, o que contribuiu para a reutilização de códigos, algoritmos e módulos já estruturados na versão original.

Por outro lado, a falta de um modelo arquitetural no software original representava um entrave para a realização de intervenções evolutivas que permitissem a adequação do sistema aos aspectos metodológicos propostos, como sua aderência à metodologia AVAS. Entende-se por arquitetura um conjunto de estruturas e decisões relacionadas à organização de um sistema de software.

Para mitigar este problema, foi conduzida uma refatoração[1] do projeto a fim de implementar um padrão arquitetural. Assim, uma análise da arquitetura da primeira versão do software foi realizada com o fim de orientar as ações necessárias para condução do processo de refatoração. Optou-se pela utilização de uma arquitetura multicamada. O padrão MVC[2] foi utilizado para separação entre as camadas assim como o padrão DAO[3] para garantir o desacoplamento da camada de persistência. Na interação entre as camadas foram utilizados os padrões *factory*[4] e *repository*[5].

A Figura 32 apresenta o modelo arquitetural da aplicação e tecnologias utilizadas.

---

[1] Consiste no processo de modificar um software melhorando sua estrutura sem impactar no seu comportamento atual.

[2] Model-view-controller (MVC) é um padrão de arquitetura de software que permite separar as responsabilidades de um software entre diferentes camadas.

[3] Data Access Object (DAO) é um padrão de persistência ou gravação de dados que permite a separação entre as regras de negócio e o serviço de banco de dados.

[4] Factory é um padrão de projeto de software que permite a criação de famílias de objetos correlatos ou dependentes.

[5] Repository é um padrão de projeto de software que isola os objetos ou entidades do domínio do código usado para acessar o banco de dados.

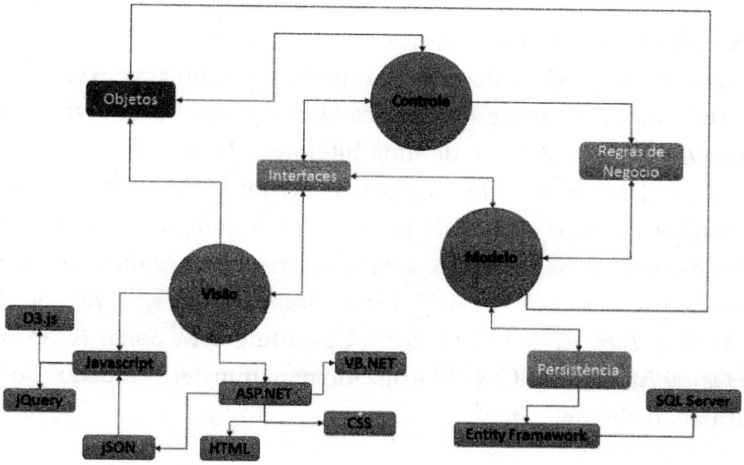

Figura 32: Arquitetura da Aplicação

Observa-se na Figura 32 que as camadas são interconectadas por meio de interfaces, o que garante maior desacoplamento entre as mesmas. Analogamente, o padrão *factory* foi utilizado para gerar as instâncias necessárias durante a interação entre as camadas.

Para a persistência das informações foi utilizado o sistema gerenciador de banco de dados da Microsoft, denominado por SQL Server. Essa decisão foi tomada com base em dois fatores. O primeiro refere-se ao fato de que a versão original da solução utilizava-se desta ferramenta de banco dados. O segundo fator consiste em mitigar problemas de interoperabilidade dos componentes. Tendeu-se a acreditar que os frameworks de persistência utilizados na aplicação teriam mais efetividade estando na mesma plataforma do que em plataformas distintas.

Na camada de apresentação, interface do software, a linguagem HTML foi utilizada para diagramar as páginas e reproduzir as informações recuperadas pelos usuários. Para implementar os eventos produzidos foi utilizada a linguagem JavaScript[234], além da biblioteca jQuery[235]. Desenvolvida por John Resig, esta biblioteca é open source e simplifica a construção de scripts[6], proporcionando maior flexibilidade, ao passo que amplia a capacidade de interação dos

[6] *Scripts* são trechos de um programa escrito com o objetivo de automatizar processos.

sistemas baseados na web e seus usuários [236].

Para a construção das visões interativas propostas no ambiente AVAS foram utilizadas as bibliotecas jQuery e a biblioteca *Data-Driven Documents* ou D3.js. *Data-Driven Documents* trata-se de uma biblioteca JavaScript, open source, desenvolvida por Jeff Heer, Mike Bostock, e Vadim Ogievetsky da Universidade de Stanford, com o intuito de facilitar a manipulação de documentos baseados em dados[237]. Essa biblioteca auxilia na criação de gráficos complexos fazendo uso de padrões como *Scalable Vector Graphics* (SVG)[238], *JavaScript*[234], *Hypertext Markup Language* (HTML5)[239], Cascading *Style Sheets* (CSS3)[240] e *JavaScript Object Notation* (jSON) [241] utilizado para transferir os dados do lado do servidor para o cliente.

Embora sejam aspectos mais técnicos, esperamos que estas questões possam auxiliar equipes de tecnologia que buscam meios para representação de dados no campo das relações sociais.

Como Funciona na Prática? Aplicando o AVAS em um Projeto de Software

Com o fim validar a utilidade desta solução no contexto de um projeto, foi conduzido um experimento objetivando realizar os processos de mapeamento e classificação das partes interessadas envolvidas na confecção de um projeto de software.

O escopo do projeto consiste da construção de um software cujo objetivo é auxiliar nos processos de alocação de carga horária docente. Neste sistema, os usuários devem ser capazes de realizar a apropriação de carga horária permitindo a geração de relatórios e cruzamentos de informações que auxiliem nas análises estatísticas necessárias ao processo de tomada de decisão.

O sistema deverá contar com uma estrutura colaborativa, na qual as atividades de apropriação de carga horária sejam realizadas em etapas sequenciais condicionadas a determinadas alçadas e critérios de aprovação. Assim, cada colaborador desempenha um determinado papel no processo, de forma que, os crivos de aprovação inseridos em determinadas etapas do processo sejam condicionantes para a evolução, retorno ou encerramento de uma instância de processo em execução.

Embora trata-se de uma aplicação de pequeno porte, a solução terá um papel importante no processo de gerenciamento de cargas horárias, contribuindo para a formação de orçamento, planejamento de custos e análise estatística acerca do desempenho da instituição no contexto da gestão docente.

Durante as reuniões iniciais para elaboração do escopo do projeto, foram definidos alguns intervenientes principais. A partir deste conjunto de intervenientes foram realizados mapeamentos que conduziram a confecção do mapa de *stakeholders* do projeto.

Em função do porte da aplicação, a abrangência dos *stakeholders* é limitada, todavia, espera-se com esta experiência prática, explorar algumas das funcionalidades propostas no ambiente o AVAS e observar como a solução pode contribuir para maior entendimento das dinâmicas sociais durante a condução de um projeto.

O processo de mapeamento das partes interessadas teve início durante as reuniões para definição do escopo do projeto. Durante essas reuniões foram realizadas seções de *brainstorms* e entrevistas semiestruturadas. As reuniões iniciais envolviam em geral os *stakeholders* principais e patrocinadores do projeto. Todavia, a necessidade de obter mais detalhes acerca de determinados processos internos conduziu a um novo conjunto de intervenientes derivados deste primeiro grupo. O processo foi repetido até que os detalhes do escopo fossem devidamente esclarecidos.

O processo de mapeamento resultou em um contingente de 22 *stakeholders*, variando entre internos e externos. Nas próximas seções serão discutidos os processos de mapeamento e classificação realizados com este grupo e os resultados desta análise inicial.

Mapeamento e Classificação dos *Stakeholders* no Software AVAS

O cadastramento de novos *stakeholders* é realizado através do botão "+*stakeholders*" representado na Figura 31, pela letra (e). Ao clicar nesta opção, o usuário é conduzido ao ambiente que engloba as funcionalidades pertinentes à inclusão de novos *stakeholders* no processo de gerenciamento. Nesta etapa, devem ser informados os dados pessoais de cada interveniente, além de informações profissionais que permitam uma análise do perfil de cada *stakeholder*. Este cadastro será o ambiente principal pelo qual serão disponibilizadas as informações acerca de cada stakeholder do projeto. Após o cadastramento completo do interveniente, ele pode ser enviado para o processo de entrevistas.

A página de entrevista oferece uma estrutura sequencial de perguntas nas quais as respostas devem ser transcritas e associadas. A partir de cada transcrição cadastrada, o usuário deve definir os temas principais na perspectiva de cada questionamento respondido. Assim, um conjunto de marcador ou palavras-chave deverão ser associadas a cada resposta denotando seus principais argumentos associados. Esta dinâmica contribuirá para se preencher o atributo Temas Relevantes, proposto no contexto metodológico AVAS. A Figura 33 apresenta uma visão da página de entrevista.

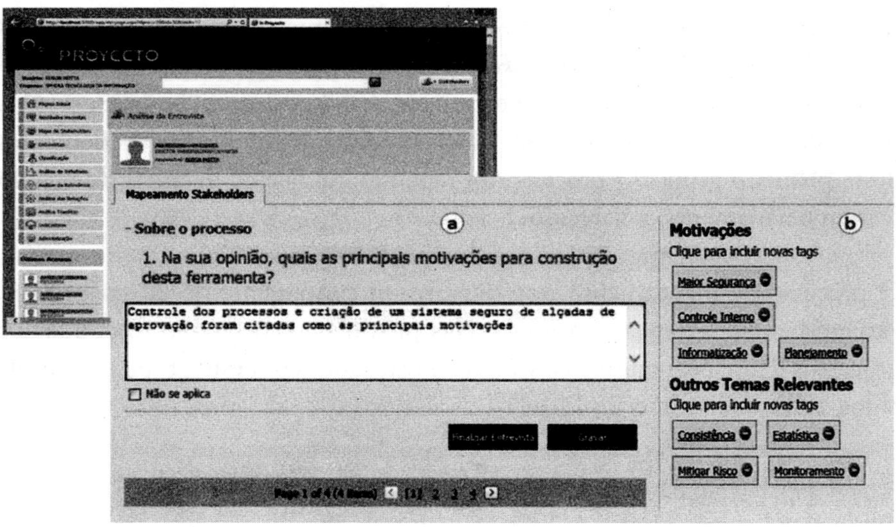

Figura 33: Página de Entrevista e Temas Relevantes

Observa-se que a página de entrevista está subdividida em duas seções, a primeira, representada pela letra (a), concentra basicamente as questões a serem respondidas com base nas seções de entrevistas e *brainstorms*. A segunda, representada pela letra (b), procura representar os temas de interesse, os quais consistem basicamente em palavras-chave encontradas nas respostas e que procuram traduzir os temas relevantes para cada interveniente entrevistado. A recorrência dos temas poderá indicar um aspecto relevante para o processo de gestão dos *stakeholders*. Finalizada a entrevista, os intervenientes são enviados para o processo de classificação.

Os processos de classificação baseiam-se na definição das características dos intervenientes, com base nos atributos poder, compromisso, urgência, interesse e posicionamento. Assim, para cada atributo devem ser informados os valores de referência que serão utilizados para classificar os intervenientes segundo os ditames preconizados na arquitetura conceitual do ambiente AVAS. A Figura 34 apresenta uma imagem do processo de classificação.

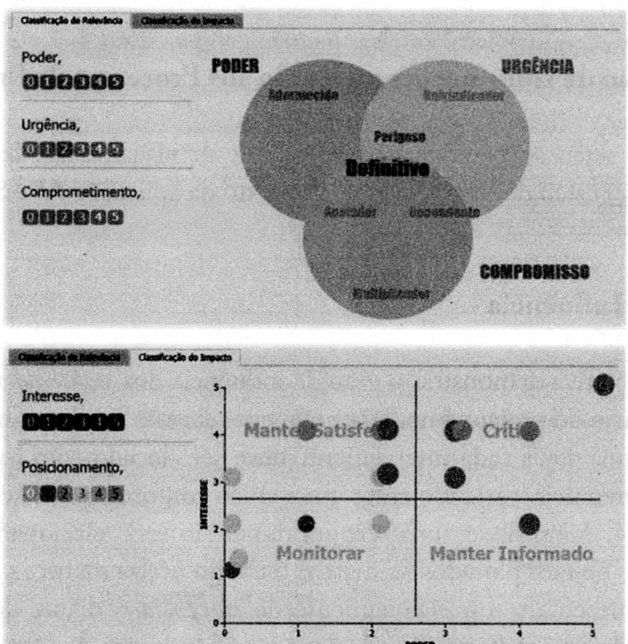

Figura 34: Ambientes de Classificação

Observa-se que ao classificar os intervenientes, uma pré-visualização é dinamicamente construída com o intuito de orientar o gestor a respeito do papel do interveniente no momento da classificação. Acredita-se que o quanto antes estes papéis são definidos, maiores são as chances de assertividade nos planos de engajamento e gestão dos *stakeholders*.

A partir desta etapa, os processos de análise e priorização podem ser efetivamente realizados. Tais processos consistem na análise e cruzamento das informações em ambiente gráfico onde são utilizadas técnicas de visualização para ilustrar as estruturas sociais mapeadas. Assim, cada uma das visões propostas pela aplicação, conduz a uma determinada perspectiva de análise. A combinação das técnicas pode contribuir tanto para os processos de análise e priorização como para os processos de monitoramento. Conforme novos intervenientes são classificados, seus reflexos passam a compor os mapas e ambientes visuais disponibilizados por esta solução. A seguir são descritos os ambientes de visualização disponibilizados pela aplicação e uma análise dos resultados coletados.

Visualização de Informações no Apoio aos Processos de Priorização

Nesta seção serão apresentados os ambientes de visualização desenvolvidos para apoiar a gestão de *stakeholders* no contexto da aplicação AVAS.

Análise da Influência

Esta visão objetiva demonstrar o grau de influência dos *stakeholders* que compõem o cenário do projeto. Fundamentalmente ela está subdividida em quatro quadrantes nos quais cada interveniente deve ser alocado com base nos seus valores de referência, variando entre um e cinco conforme pode ser observado na Figura 34. Além disso, uma terceira dimensão está relacionada à cor e o tamanho dos objetos plotados na matriz. Baseado nestas métricas, estas características representam o posicionamento do *stakeholders* diante dos objetivos do projeto. Assim, as cores dos elementos variam entre o vermelho escuro, representando posicionamento desfavorável, clareando proporcionalmente em direção à cor verde, representando, portanto, um posicionamento favorável.

Os quadrantes foram definidos com base nas técnicas de priorização apresentadas no capítulo 10. Esses quadrantes estão divididos entre **(1) Monitorar**, caracterizado por baixo poder e baixo interesse. **(2) Manter satisfeito**, caracterizado pelos indivíduos com baixo interesse e alto poder. **(3) Manter informado**, caracterizado pelos intervenientes com alto interesse e baixo poder e, por fim, os intervenientes **(4) Críticos para o projeto,** caracterizados pelos *stakeholders* cujo poder e o interesse são respectivamente altos. A forte influência deste último grupo diante dos objetivos do projeto os caracteriza como os principais intervenientes, sendo, portanto, o foco principal das ações de engajamento.

Naturalmente, intervenientes críticos com sinais de posicionamento desfavorável podem elevar significativamente o grau de risco de um projeto. A Figura 35 apresenta uma visão da análise por influência no cenário do projeto no qual foi aplicado o experimento.

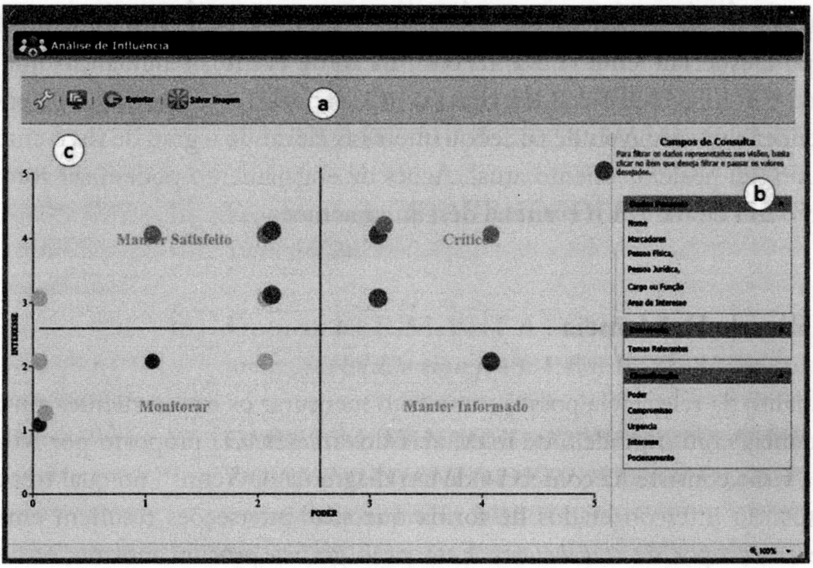

Figura 35: Análise da Influência

O ambiente de visualização oferece um conjunto de funcionalidades que permita navegabilidade no processo de análise dos dados. Assim, na parte superior da página, representado pela letra (a), são disponibilizadas algumas funcionalidades gerais tais como exportação dos dados para planilhas eletrônicas, gravação da visão como imagem e configurações, que permitem ajustar os eixos x e y com base nos demais atributos utilizados durante a classificação.

Na lateral direita, representado pela letra (b), é disponibilizado um conjunto de opções que permitem a filtragem das informações visualizadas. Assim, ao clicar em um item, o usuário tem a opção de informar os parâmetros pelos quais as visões poderão ser segmentadas. Por fim, na parte central, representado pela letra (c), têm-se a visão da análise da influência.

Observando a imagem, é possível identificar que o grupo de *stakeholders* críticos para o projeto mantém um posicionamento favorável. Este cenário favorece o projeto na medida em que os intervenientes principais demonstram alinhamento em relação aos objetivos almejados.

Todavia, quando analisamos o quadrante "monitorar", podemos perceber a presença de alguns intervenientes menos favoráveis. O monitoramento deste grupo é especialmente relevante, em função de eventuais mudanças que podem ocorrer na base de poder. Nestas circunstâncias, este interveniente poderá ascender a novos níveis de poder ou interesse, elevando o grau de risco em função do seu posicionamento atual. Ações de engajamento podem ser tomadas com o fim de reduzir o eventual desalinhamento.

Análise da Relevância

A análise da relevância possui como foco mensurar os intervenientes em concordância com o modelo de relevância dos *stakeholders* proposto por Michel. Esta visão consiste na confecção de um diagrama de Venn[137] no qual três conjuntos são interconectados de forma que suas interseções resultem em sete diferentes tipos de *stakeholders*. Esta visão gráfica procura mostrar, em valores percentuais, um panorama da distribuição dos intervenientes. Esta análise contribui para melhorar o conhecimento acerca do cenário da gestão de *stakeholders*, através da identificação dos tipos de intervenientes, auxiliando na elaboração de planos de ação e de engajamento direcionados.

O gráfico conta ainda com uma análise detalhada acerca de cada percentual apresentado. Assim, ao clicar em um valor disponibilizado pelo gráfico, o usuário é conduzido a um detalhamento que ilustra quais *stakeholders* estão presentes na formação de determinado valor percentual. Esta ação permite que o gestor analise o cenário a partir de uma visão macro até uma análise detalhada no nível dos intervenientes do projeto. A Figura 36 apresenta uma visão da análise da relevância aplicada no projeto no qual foi aplicado o experimento.

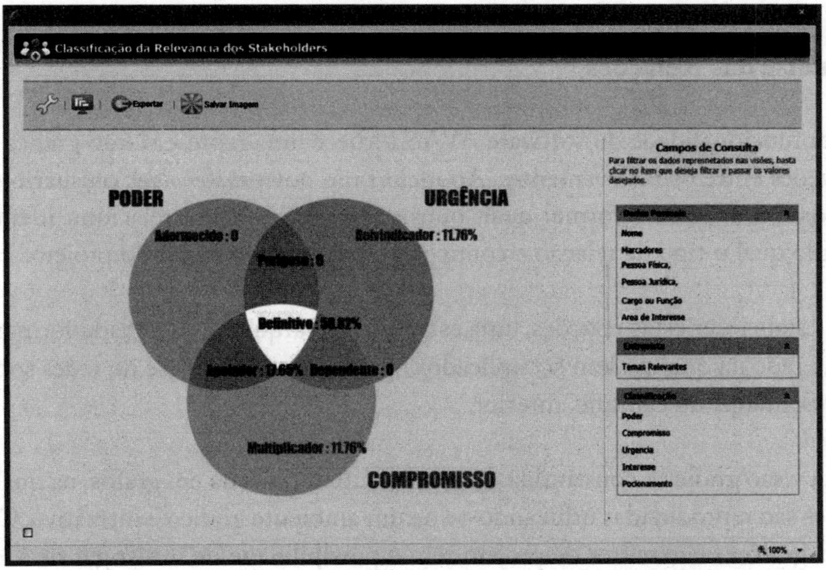

Figura 36: Classificação da Relevância dos *Stakeholders*

Observando o diagrama pode-se perceber que 58,82% dos intervenientes encontram-se como definitivos ou críticos para o projeto. Esta informação pode ser especialmente útil durante a elaboração dos planos de ação, uma vez que, cada púbico requer um determinado tipo de tratamento, alinhado ao seu perfil. Assim, esta análise poderá contribuir para maior assertividade nas ações de engajamento e no entendimento das expectativas e necessidades dos diferentes grupos.

Outro fator importante refere-se aos 11,76% de intervenientes classificados como “reivindicadores”. Nesta circunstância, um interveniente possui urgência para a conclusão do projeto, no entanto, não apresenta poder suficiente para alavancar o mesmo. Esta visão pode sugerir a necessidade de monitoramento destes intervenientes, por exemplo, para o caso de adquirirem o atributo poder. Neste contexto, um interveniente com poder e urgência, mas com pouco comprometimento pode elevar substancialmente o grau de risco. Ações de engajamento e comunicações direcionadas a este público podem ser algumas medidas úteis para aumentar o comprometimento com o projeto.

Análise das Relações

Esta funcionalidade do software AVAS fornece uma representação gráfica das relações entre os intervenientes. Ao incluir um novo *stakeholder*, o usuário tem a possibilidade de informar quais outros *stakeholders* ele se relaciona, identificando qual o tipo de relação e como esta se dará no contexto do projeto.

Ao estabelecer estas relações, uma estrutura hierárquica é modelada formando uma rede na qual podem ser aplicados os conceitos de análise de redes sociais apresentados no capítulo anterior.

Esta visão gráfica é constituída de uma estrutura baseada em grafos, na qual, as redes são reproduzidas utilizando-se de um ambiente gráfico e interativo. Com isso, gestores e gerentes de projeto têm a possibilidade de investigar de forma detalhada as dinâmicas existentes nas relações entre os envolvidos no projeto.

A representação visual dessas relações está subdividida em duas dimensões. A primeira refere-se às relações propriamente ditas, mostrando como os intervenientes estão interconectados, e a segunda, refere-se às cores utilizadas nos nodos da rede. Por padrão, as cores representam o nível de influência de cada *stakeholder*, informando o tipo de impacto segundo os quadrantes apresentados na matriz poder x interesse apresentada na Figura 34.

O ambiente de análise das relações permite que as dimensões sejam ajustadas para cada um dos atributos disponíveis, assim, o contexto da análise pode ser alterado para representar aspectos como poder, interesse, posicionamento, comprometimento ou urgência. A Figura 37 apresenta uma visão da rede de relações no contexto da análise de poder x interesse. Esta análise permite aferir o impacto de um dado *stakeholder* no contexto do projeto. Podemos exemplificar dizendo que *stakeholders* "críticos para o projeto" podem impactar mais do que um outro classificado como "monitorar"

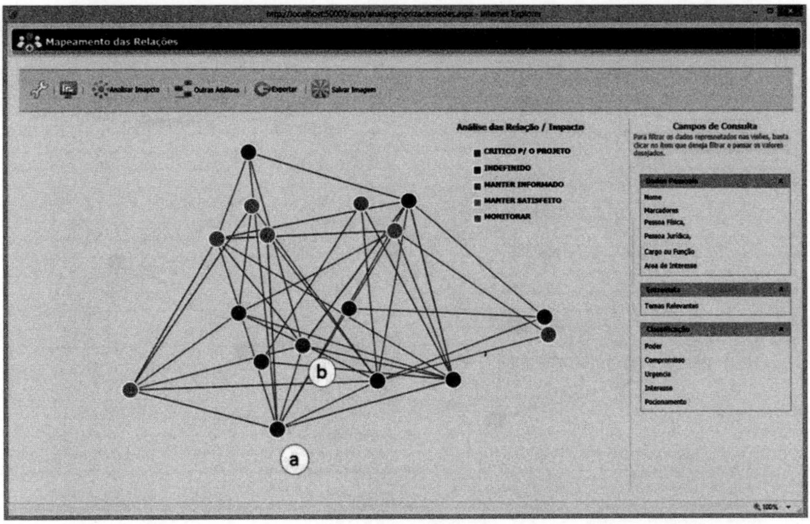

Figura 37: Análise da Rede de Relações

Similarmente aos ambientes de visualização apresentados anteriormente, pode-se perceber na parte superior da Figura 37 a presença de um menu. A partir deste menu é possível realizar os ajustes contextuais a serem representados no gráfico abaixo, assim, é possível ajustar as dimensões de (poder x interesse), recombinando-as, por exemplo, para (poder x posicionamento) ou (interesse x urgência). Pode utilizar combinações relativas a todos os atributos de classificação descritos no capítulo 10. Da mesma forma, na lateral direita da página, um conjunto de filtros é disponibilizado com o objetivo de garantir a segmentação das informações em função da necessidade de visualização do usuário da aplicação.

Analisando a imagem, Figura 37, pode-se observar como os intervenientes se inter-relacionam no contexto do projeto. Ao examinar a centralidade da rede, observa-se que o interveniente indicado pela letra (a) possui maior conjunto de conexões. Trata-se de um interveniente importante, uma vez que este atua como um dos patrocinadores do projeto. Analisando os detalhes do referido interveniente pode-se observar ainda algumas informações adicionais. A Figura 38 reproduz a funcionalidade relativa ao detalhamento de um nodo da rede.

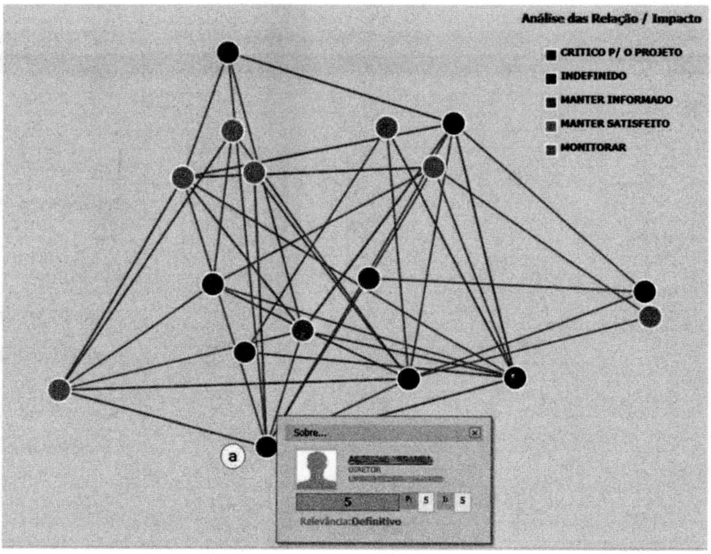

Figura 38: Detalhes na Rede de Relações

O detalhamento das informações a partir de cada nodo da rede pode ser especialmente útil em situações nas quais grandes redes são analisadas. Neste contexto, o usuário tem rápido acesso aos atributos de classificação que denotam o perfil de cada interveniente sob as diferentes perspectivas.

Analisando a rede de relações disposta na Figura 37. Pode-se perceber ainda que o *stakeholder* representado pela letra (b) possui alto poder e baixo interesse, o que o habilita ao quadrante "manter informado". Analisando este interveniente diante da sua rede de reações, observa-se que embora o interveniente não seja crítico para o projeto, sua localização na rede mostra alguma influência no projeto. Esta análise baseia-se no fato deste conectar-se com os principais intervenientes da rede. Neste contexto, planos de ação específicos podem contribuir para aumentar o interesse deste interveniente de forma que ele possa ajudar mais ativamente para a consecução dos objetivos. A Figura 39 ilustra esta situação.

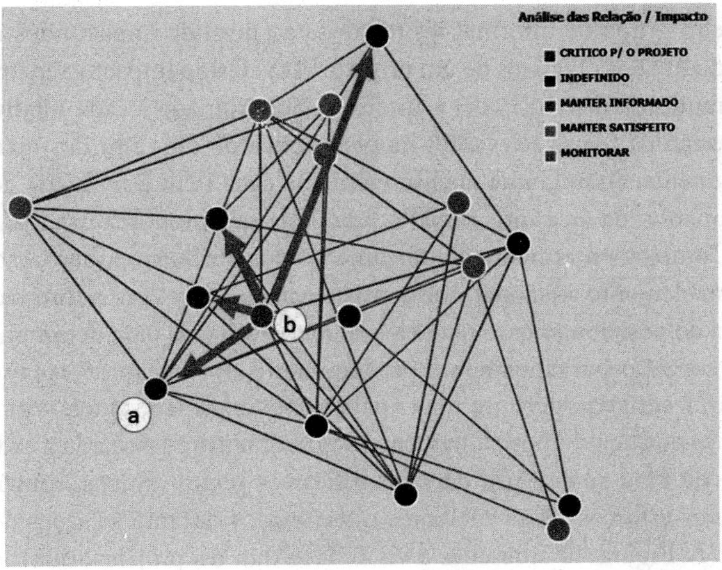

Figura 39: Influência dos Intervenientes na Rede

O ambiente de análise das relações oferece novas possibilidades de análises, no que se refere à gestão de *stakeholders* no contexto de um projeto. Acredita-se que a análise das relações combinada aos demais atributos pode ampliar a capacidade de entendimento dos gestores acerca das necessidades, expectativas e comportamento dos intervenientes, tornando-se pouco a pouco uma importante ferramenta de alinhamento entre os envolvidos em um projeto.

Análise Treemap

A visão TreeMap promove a representação dos dados através de blocos interligados. Esta visão mostra uma hierarquia na qual as áreas são subdivididas em função das informações coletadas.

No contexto da aplicação AVAS, esta visão tem a função de evidenciar os temas relevantes para os intervenientes no contexto de um projeto. Um mapa em forma de árvore, *TreeMap*, é confeccionado mostrando a recorrência dos temas em função de três grupos de informações, com base nas entrevistas e nas palavras- chaves extraídas durante a fase de classificação.

O primeiro grupo de informações refere-se ao nível de impacto dos intervenientes diante dos objetivos de um projeto. Para aferir o impacto, são utilizados os quadrantes da matriz: Poder x Interesse. Subordinado a cada subdivisão da matriz, estão os temas relevantes na perspectiva de cada um dos quadrantes separadamente. Assim, uma análise média de cada item é realizada de modo que o tamanho da área interna para cada tema seja proporcional a sua recorrência. Complementarmente ao cruzamento dos atributos poder x interesses, temos um elemento adicional, que consiste na cor. Neste contexto, uma análise da média do posicionamento naquele grupo foi utilizada para determinar a cor que representa o posicionamento predominante em função de cada tema. O resultado desta visão permite uma análise dos temas relevantes, segmentado por grupos nos quais o posicionamento predominante é associado a cada tema. Trata-se de uma análise útil para identificar os temas críticos, contribuindo para que os esforços sejam melhores direcionados durante as ações de engajamento. A Figura 40 apresenta a visão TreeMap do projeto utilizado como experimento.

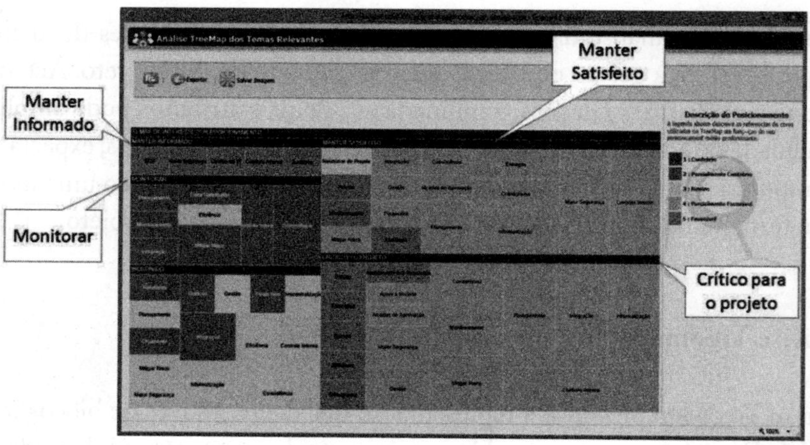

Figura 40: Análise TreeMap dos temas Relevantes

Analisando a Figura 40 pode-se perceber a distribuição dos temas em função das áreas da matriz de influência. Em última análise, as cores representam o nível de preocupação dos intervenientes em relação aos principais temas abordados na entrevista.

Observamos na imagem Figura 41 que os intervenientes do quadrante "monitorar" possuem maiores preocupações em áreas como planejamento, risco, controles internos e consistência.

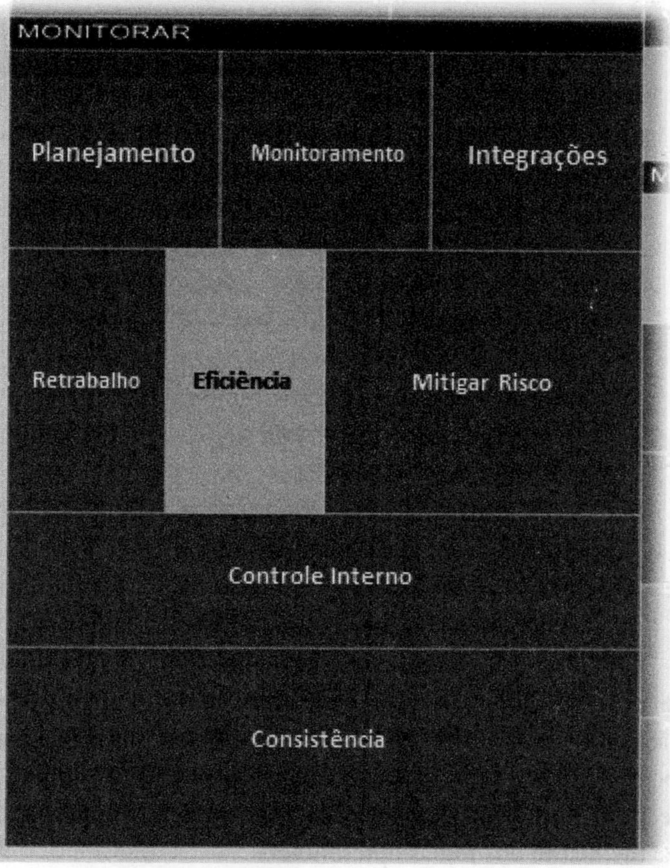

Figura 41: Análise TreeMap - Grupo Monitorar

Analisando estes mesmos temas em relação às demais áreas pode-se observar que, embora o posicionamento seja favorável, as preocupações ainda são recorrentes. Na Figura 42 observa-se que no quadrante "crítico para o projeto", tais temas também surgem com certa expressividade, adicionalmente surgem os temas informatização e integração.

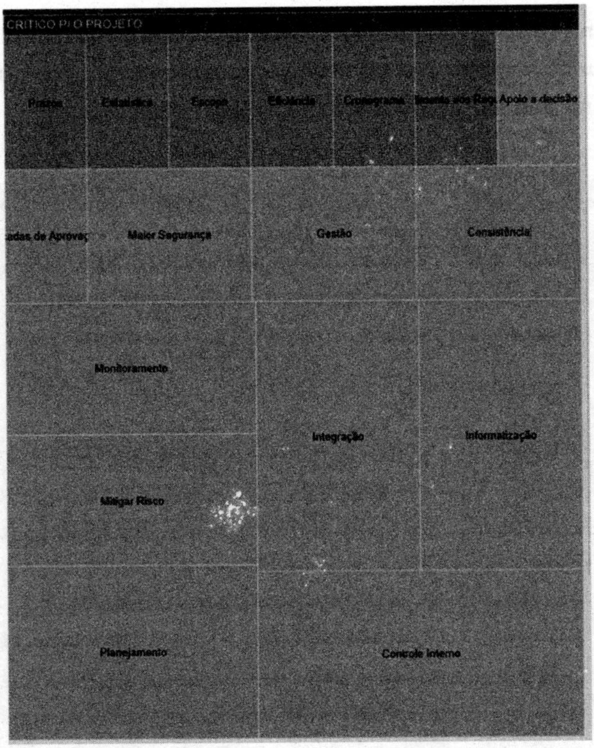

Figura 42: Análise TreeMap - Grupo Crítico para o Projeto

A análise Treemap, no contexto apresentado, pode sugerir um meio para a priorização dos temas mais relevantes. Por meio desta priorização, equipes de projeto podem direcionar suas ações de comunicação adotando abordagens mais específicas, mitigando a existência de dúvidas em relação aos objetivos e seus impactos diante dos temas apresentados.

No contexto em análise, informar aos intervenientes sobre os critérios de segurança a serem implementados no novo sistema, assim como apresentar os meios para garantir maior controle dos processos internos e integrações, pode contribuir em dois importantes aspectos: (1) reduzir a resistência em relação à construção do novo software; (2) a possiblidade de manter e melhorar o engajamento dos intervenientes favoráveis, estabelecendo relações mais sólidas na medida em que a comunicação torna-se mais efetiva entre as partes envolvidas no projeto.

Resumo do Capítulo

Existe algum consenso em torno da utilidade de técnicas de visualização na apresentação de dados, cuja analise envolve questões comportamentais ou subjetividade.

As visões propostas no ambiente AVAS permitem uma análise acurada do cenário da gestão de *stakeholder* durante a condução de um projeto. Isto auxilia gestores na condução das ações com foco na melhoria das relações entre os envolvidos em um projeto.

Observa-se que os ambientes de visualização disponibilizados na aplicação AVAS, desempenham dois papéis importantes no processo de gerenciamento. O primeiro refere-se a sua contribuição para o processo de análise e priorização. Basicamente, ao realizar a entrevista e classificação dos intervenientes, o usuário está automaticamente complementando as visões. Assim, a qualidade das informações disponibilizadas pelos ambientes de visualização é diretamente proporcional aos processos básicos de classificação. O segundo papel desempenhado pelos ambientes de visualização refere-se a sua contribuição no monitoramento das dinâmicas sociais em torno do projeto. A análise sistemática das representações visuais permite aos usuários identificar eventuais tendências. Estas visões podem contribuir para decisões como ajustes nos planos de ação ou eventuais correções de curso durante a condução de um projeto.

Espera-se que estas visões contribuam para construção do alinhamento entre as empresas, projetos e intervenientes na medida em que permite maior entendimento acerca das relações, necessidade e expectativas de todos os envolvidos no projeto.

O Que Fica de Tudo Isso?

Apresentamos ao leitor o ambiente de visualização e análises sociais (AVAS). Nesta jornada foram evidenciados os detalhes pertinentes à construção deste ambiente, no qual foram realizadas três etapas básicas: (i) a confecção de uma metodologia baseada no ciclo de melhoria da gestão de *stakeholder*. Etapa que foi elaborada a partir da reunião de teorias e técnicas encontradas na literatura para formar um modelo sistemático de gerenciamento de *stakeholders;* (ii) Um modelo conceitual do ambiente AVAS cujo intuito é integrar os conceitos abordados na metodologia com aspectos da tecnologia da informação; e(iii) aplicação de software AVAS, uma solução de software abarcando em sua estrutura os conceitos e métodos descritos no chamado ambiente AVAS.

Com o fim de validar a eficiência do ambiente proposto, foram realizados os processos de mapeamento e classificação dos *stakeholders* em um projeto de software. Embora o projeto apresente um contingente baixo de intervenientes em função do seu porte, foi possível ilustrar as possibilidades relacionadas à integração entre os aspectos teóricos da gestão de *stakeholders* com as abordagens práticas possibilitadas pelo uso da tecnologia da informação. Esta relação entre teoria e prática permitiu a construção de um modelo sistemático para gestão e gerenciamento de *stakeholders.* A adoção de um modelo sistemático para gerenciamento de *stakeholders* pode contribuir simultaneamente com dois fatores. O primeiro, refere-se à possibilidade de realizar um acompanhamento contínuo dos processos de gestão. O fato de o ambiente AVAS estar fundamentado em uma estrutura colaborativa, permite o entendimento rápido acerca do status atual de cada interveniente, tornando o processo de gestão mais claro e eficiente. O segundo fator refere-se ao monitoramento. Neste caso, as técnicas de visualização disponibilizadas pelo ambiente AVAS podem auxiliar na análise e priorização, além de revelar eventuais tendências acerca das dinâmicas sociais no domínio em estudo.

A utilização dos recursos computacionais para apoiar os processos de gestão de *stakeholder* ainda é um campo de estudo pouco explorado. No entanto, ao longo dessa jornada, foi possível observar os benefícios desta integração em dois aspectos cruciais. Seja do ponto de vista da gestão, uma vez que o campo do gerenciamento de projetos é intrinsicamente ligado aos anseios e necessidades dos seus intervenientes, seja no que se refere aos aspectos sociais, uma vez que esta iniciativa fomenta o alinhamento por meio da inclusão dos *stakeholders* no cerne das decisões de projeto. Uma ação que se alinha aos princípios básicos da responsabilidade social coorporativa e do desenvolvimento sustentável.

Carla P. Gomes citou oportunamente que é tempo dos cientistas da computação e informação, especialistas em pesquisa operacional, matemática aplicada, estatística e áreas afins, reunirem seus talentos na construção de novas formas de apoiar a sustentabilidade e o desenvolvimento sustentável em todas as suas dimensões[242]. A adoção da tecnologia da informação na manutenção das relações sociais no contexto do gerenciamento dos projetos representa um passo nesta direção.

Espera-se que o ambiente AVAS contribua para a construção de relações sólidas entre empresas, projetos e *stakeholders*, na medida em que viabiliza um meio para maior entendimento das questões sociais em torno da gestão de projetos.

Referências Bibliográficas

1. PMI. PMI. Project Management Institute.

2. PMI. *A Guide to the Project Management Body of Knowledge (PMBOK® Guide)*. 4th ed. ed. Newtown Square, PA, USA: Project Management Institute. (PMI); 2008.

3. Abnt. NBR ISO 10006:2006 - Sistemas de gestão da qualidade - Diretrizes para a gestão da qualidade em empreendimentos. 2006:33.

4. PMI. *A Guide to the Project Management Body of Knowledge (PMBOK® Guide)*. 5th ed. ed. Newtown Square, PA, USA: Project Management Institute. (PMI); 2013.

5. Freeman E. *Strategic Management: A Stakeholder Approach*. Boston: Pitman; 1984. http://books.google.com/books?hl=pt-BR&lr=&id=NpmA_qEiOpkC&pgis=1. Accessed August 18, 2014.

6. Mota E, Silva PC. Ambiente de visualização de dados sociais (ADVS): Uma proposta para apoiar a gestão de stakeholders . *SBSI 2014 - Simpósio Bras Sist Informação*. 2014;(Pmi).

7. Aaltonen K. Project stakeholder analysis as an environmental interpretation process. *Int J Proj Manag*. 2011;29(2):165-183. doi:10.1016/j.ijproman.2010.02.001.

8. Clarkson MBE. A Stakeholder Framework for Analyzing and Evaluating Corporate Social Performance. *Acad Manag Rev*. 1995;20(1):92. doi:10.2307/258888.

9. Donaldson T, Preston LE. THE STAKEHOLDER THEORY OF THE CORPORATION: CONCEPTS, EVIDENCE, AND IMPLICATIONS. *Acad Manag Rev*. 1995;20(1):65-91. doi:10.5465/

AMR.1995.9503271992.

10. Mitchell RK, Agle BR, Wood DJ. TOWARD A THEORY OF STAKEHOLDER IDENTIFICATION AND SALIENCE : DEFINING THE PRINCIPLE OF WHO AND WHAT REALLY. *Acad Manag Rev.* 1997;22(4):853-886.

11. ROWLEY TJ, MOLDOVEANU M. WHEN WILL STAKEHOLDER MODEL OF AND IDENTITY-BASED STAKEHOLDER GROUP MOBILIZATION. 2003;28(2):204-219.

12. Savage GT, Nix TW, Whitehead CJ, Blair JD. Strategies for assessing and managing organizational stakeholders. 1991;5(2):61-75.

13. Thomas M. Jones, Andrew C. Wicks and REF. Stakeholder Theory: The State of the Art. 1999.

14. Rowley TJ. MOVING BEYOND DYADIC TIES: A NETWORK THEORY OF STAKEHOLDER INFLUENCES. *Acad Manag Rev.* 1997;22(4):887-910. doi:10.5465/AMR.1997.9711022107.

15. Frooman J. STAKEHOLDER INFLUENCE STRATEGIES. 1999;24(2).

16. Freeman REE, McVea J. A Stakeholder Approach to Strategic Management. *SSRN Electron J.* 1984. doi:10.2139/ssrn.263511.

17. CEES B.M. VAN RIEL. *REPUTAÇÃO: O VALOR ESTRATÉGICO DO ENGAJAMENTO DE STAKEHOLDERS.* Rio de Janeiro – RJ: Elsevier Editora Ltda.; 2014.

18. Harrison. *Administração Estratégica de Recursos e Relacionamento.*; 2005.

19. Putnam RD. Bowling Alone: American's Declining Social Capital. *J Democr.* 1995;6(1 (January)):65-78. doi:10.1007/978-1-349-62397-6_12.

20. Lambin. *Marketing Estratégico*. (Graw-Hill M, ed.).; 2000.

21. Winch GM. *The Wiley Guide to Managing Projects*. (Morris PWG, Pinto JK, eds.). Hoboken, NJ, USA: John Wiley & Sons, Inc.; 2004. doi:10.1002/9780470172391.

22. IFC. *Stakeholder Engagement: A Good Practice Handbook for Companies Doing Business in Emerging Markets*. International Finance Corporation; 2007.

23. Miller R, Lessard DR. *The Strategic Management of Large Engineering Projects Shaping Institutions, and Governance*.

24. Winch, G. M., Bonke S. Project Stakeholder Mapping: analysing the interests of project stakeholders. 2002. https://www.escholar.manchester.ac.uk/uk-ac-man-scw:3b4809. Accessed August 18, 2014.

25. Daft RL, Weick KE. Toward a Model of Organizations as Interpretation Systems. *Acad Manag Rev*. 1984;9(2):284-295. doi:10.5465/AMR.1984.4277657.

26. Jepsen AL, Eskerod P. Stakeholder analysis in projects: Challenges in using current guidelines in the real world. *Int J Proj Manag*. 2009;27(4):335-343. doi:10.1016/j.ijproman.2008.04.002.

27. Bourne L. The Stakeholder Circle. 2005.

28. Yang J, Shen GQ, Ho M, Drew DS, Xue X. Stakeholder management in construction: An empirical study to address research gaps in previous studies. *Int J Proj Manag*. 2011;29(7):900-910. doi:10.1016/j.ijproman.2010.07.013.

29. McElroy B, Mills C. Managing stakeholders. 2007.

30. Elias AA, Cavana RY, Jackson LS. Stakeholder analysis for R & D project management. 2002;(1994):301-310.

31. Jones TM. INSTRUMENTAL STAKEHOLDER THEORY: A SYNTHESIS OF ETHICS AND ECONOMICS. *Acad Manag Rev.* 1995;20(2):404-437. doi:10.5465/AMR.1995.9507312924.

32. Kolk A, Pinkse J. Stakeholder Mismanagement and Corporate Social Responsibility Crises. *Eur Manag J.* 2006;24(1):59-72. doi:10.1016/j.emj.2005.12.008.

33. Bakens W, Foliente G, Jasuja M. Engaging stakeholders in performance-based building: lessons from the Performance-Based Building (PeBBu) Network. *Build Res Inf.* 2005;33(2):149-158. doi:10.1080/0961321042000322609.

34. Young T. Successful project management. 2006.

35. Arnstein SR. A Ladder of Citizen Participation. 1996;35(4):216-224.

36. Pouloudi A, Whitley EA. Stakeholder identification in inter-organizational systems : gaining insights for drug use management systems. 1997:1-14.

37. Reed MS, Graves A, Dandy N, et al. Who's in and why? A typology of stakeholder analysis methods for natural resource management. *J Environ Manage.* 2009;90(5):1933-1949. doi:10.1016/j.jenvman.2009.01.001.

38. Achterkamp MC, Vos JFJ. Investigating the use of the stakeholder notion in project management literature, a meta-analysis. *Int J Proj Manag.* 2008;26(7):749-757. doi:10.1016/j.ijproman.2007.10.001.

39. Bourne L, Walker DHT. USING A VISUALISING TOOL TO STUDY STAKEHOLDER INFLUENCE - TWO AUSTRALIAN EXAMPLES -. 2006;37(1):1-29.

40. Newcombe R. From client to project stakeholders: a stakeholder mapping approach. *Constr Manag Econ.* 2003;21(8):841-848. doi:10.1080/0144619032000072137.

41. Burton RM, Obel B. *Strategic Organizational Diagnosis and Design: Developing Theory for Application.*; 1998. http://books.google.com.br/books/about/Strategic_Organizational_Diagnosis_and_D.html?id=_w7PaIpMkAMC&pgis=1. Accessed August 18, 2014.

42. Yang RJ. An investigation of stakeholder analysis in urban development projects: Empirical or rationalistic perspectives. *Int J Proj Manag.* November 2013. doi:10.1016/j.ijproman.2013.10.011.

43. Kamal M, Weerakkody V, Irani Z. Analyzing the role of stakeholders in the adoption of technology integration solutions in UK local government: An exploratory study. *Gov Inf Q.* 2011;28(2):200-210. doi:10.1016/j.giq.2010.08.003.

44. Achterkamp MC, Boonstra A, Vos JFJ. A Bilateral, Double Motive Perspective on Stakeholder Management in Healthcare EIS Projects. *Procedia Technol.* 2013;9:167-178. doi:10.1016/j.protcy.2013.12.019.

45. Maginn PJ. *Urban Regeneration Community Power and the (in)Significance of "Race."* Ashgate Publishing Limited; 2004. http://www.abebooks.co.uk/9780754641667/Urban-Regeneration-Community-Power-Significance-075464166X/plp. Accessed August 18, 2014.

46. Olander S, Landin A. A comparative study of factors affecting the external stakeholder management process. *Constr Manag Econ.* 2008;26(6):553-561. doi:10.1080/01446190701821810.

47. Boehm BW, Ross R. Theory-W software project management principles and examples. *IEEE Trans Softw Eng.* 1989;15(7):902-916. doi:10.1109/32.29489.

48. PRINCE2. PRINCE2. Projects in Controlled Environments.

49. MPS.BR. MPS.BR. Associação para Promoção da Excelência do Software Brasileiro (Softex).

50. Olander S. *External Stakeholder Analysis in Construction Project Management.*; 2006.

51. Ibrahim, R., Nissen M. Emerging Technology to Model Dynamic Knowledge Creation and Flow among Construction Industry Stakeholders during the Critical Feasibility-Entitlements Phase. *Proc 4th Jt Int Symp Inf Technol Civ Eng*. 2003. http://ascelibrary.org/doi/abs/10.1061/40704(2003)40. Accessed August 19, 2014.

52. Grabher G. Cool Projects, Boring Institutions: Temporary Collaboration in Social Context. *Reg Stud.* 2002;36(3):205-214. doi:10.1080/0034340022012025.

53. Richard M. Burton BO. Strategic Organizational Diagnosis and Design. The Dynamics of Fit. http://www.amazon.com/Strategic-Organizational-Diagnosis-Design-Dynamics/dp/B009KJFKTS. Published 2003. Accessed August 19, 2014.

54. Youker R. Managing the international project. 1992;10(4):219-226.

55. Olander S, Landin A. Evaluation of stakeholder influence in the implementation of construction projects. *Int J Proj Manag*. 2005;23(4):321-328. doi:10.1016/j.ijproman.2005.02.002.

56. Vaagaasar AL. Stakeholders, Decisions and Narrations. In: *2011 44th Hawaii International Conference on System Sciences*. IEEE; 2011:1-9. doi:10.1109/HICSS.2011.383.

57. Cleland DI. Project stakeholder management. *Proj Manag J*. 1986.

58. Diallo A, Thuillier D. The success of international development projects, trust and communication: an African perspective. *Int J Proj Manag*. 2005;23(3):237-252. doi:10.1016/j.ijproman.2004.10.002.

59. Bourne L, Walker DHT. THE PARADOX OF PROJECT. 2005;11(5):649-660.

60. Chinyio E, Akintoye A. Practical approaches for engaging stakeholders: findings from the UK. *Constr Manag Econ.* 2008;26(6):591-599. http://econpapers.repec.org/RePEc:taf:conmgt:v:26:y:2008:i:6:p:591-599. Accessed August 18, 2014.

61. El-Gohary NM, Osman H, El-Diraby TE. Stakeholder management for public private partnerships. *Int J Proj Manag.* 2006;24(7):595-604. doi:10.1016/j.ijproman.2006.07.009.

62. Bryde DJ, Robinson L. Client versus contractor perspectives on project success criteria. *Int J Proj Manag.* 2005;23(8):622-629. doi:10.1016/j.ijproman.2005.05.003.

63. Bent Flyvbjerg, Nils Bruzelius WR. *Megaprojects and Risk: An Anatomy of Ambition.* (Press ambridge U, ed.). Cambridge University Press; 2003.

64. Roger Miller, Donald R. Lessard Pascale M. *Project Shaping as a Competitive Advantage.* MIT Press; 2001.

65. Beringer C, Jonas D, Kock A. Behavior of internal stakeholders in project portfolio management and its impact on success. *Int J Proj Manag.* 2013;31(6):830-846. doi:10.1016/j.ijproman.2012.11.006.

66. Reiss G, Rayner P. GOWER HANDBOOK OF PROGRAMME MANAGEMENT. *Gower Publ Ltd.* 2006.

67. Bourne L. *Stakeholder Relationship Management: A Maturity Model for Organizational Implementation.* (Gower, ed.).; 2009. http://www.amazon.ca/Stakeholder-Relationship-Management-Organizational-Implementation/dp/0566088649. Accessed August 19, 2014.

68. Miller R, Olleros X. *Project Shaping as a Competitive Advantage In "The Strategic Management of Large Engineering Projects: Shaping Institutions, Risks, and Governance."* MIT Press; 2001. http://books.google.com/books?id=M9aD1nqGgaoC&pgis=1. Accessed August 19, 2014.

69. Fraser C, Zhu C. Stakeholder perception of construction site managers' effectiveness. *Constr Manag Econ.* 2008;26(6):579-590. doi:10.1080/01446190802036151.

70. Kolltveit BJ, Grønhaug K. The importance of the early phase: the case of construction and building projects. *Int J Proj Manag.* 2004;22(7):545-551. doi:10.1016/j.ijproman.2004.03.002.

71. Orr RJ, Scott WR. Institutional exceptions on global projects: a process model. *J Int Bus Stud.* 2008;39(4):562-588. http://ideas.repec.org/a/pal/jintbs/v39y2008i4p562-588.html. Accessed August 19, 2014.

72. Aaltonen K, Jaakko K, Tuomas O. Stakeholder salience in global projects. *Int J Proj Manag.* 2008;26(5):509-516. doi:10.1016/j.ijproman.2008.05.004.

73. Eesley C, Lenox MJ. Firm responses to secondary stakeholder action. *Strateg Manag J.* 2006;27(8):765-781. doi:10.1002/smj.536.

74. Levine HA. *Project Portfolio Management: A Practical Guide to Selecting Projects, Managing Portfolios, and Maximizing Benefits.*; 2005. http://www.amazon.com/Project-Portfolio-Management-Portfolios-Maximizing/dp/0787977543. Accessed August 19, 2014.

75. Yang J, Shen Q, Ho M. An overview of previous studies in stakeholder management and its implications for the construction industry. *J Facil Manag.* 2009;Vol 7. http://www.emeraldinsight.com/doi/abs/10.1108/14725960910952532. Accessed August 19, 2014.

76. Aaltonen K, Kujala J. A project lifecycle perspective on stakeholder influence strategies in global projects. *Scand J Manag.* 2010;26(4):381-397. doi:10.1016/j.scaman.2010.09.001.

77. Sánchez MA. Integrating Sustainability Issues into Project Management. *J Clean Prod.* January 2014. doi:10.1016/j.jclepro.2013.12.087.

78. Van der Heijden A, Driessen PPJ, Cramer JM. Making sense of Corporate Social Responsibility: Exploring organizational processes and strategies. *J Clean Prod.* 2010;18(18):1787-1796. doi:10.1016/j.jclepro.2010.07.024.

79. ISO. *Guidance on Social Responsibility. The International Organization for Standardization.*; 2010.

80. BSR. Business for Social Responsibility (BSR),. http://www.bsr.org/. Published 2008. Accessed August 19, 2014.

81. Davis K. The Case for and Against Business Assumption of Social Responsibilities. *Acad Manag J.* 1973;16. http://www.jstor.org/discover/10.2307/255331?uid=2&uid=4&sid=21104606332573. Accessed August 19, 2014.

82. Shen L, Tam VWY, Tam L, Ji Y. Project feasibility study: the key to successful implementation of sustainable and socially responsible construction management practice. *J Clean Prod.* 2010;18(3):254-259. doi:10.1016/j.jclepro.2009.10.014.

83. Perrini F, Tencati A. Management : the Need for New. *Bus Strateg Environ Spec Issue Sustain Account.* 2006;308(September 2005):296-308.

84. Asif M, Searcy C, Zutshi A, Fisscher OAM. An integrated management systems approach to corporate social responsibility. *J Clean Prod.* 2013;56:7-17. doi:10.1016/j.jclepro.2011.10.034.

85. Zhao Z-Y, Zhao X-J, Davidson K, Zuo J. A corporate social responsibility indicator system for construction enterprises. *J Clean Prod.* 2012;29-30:277-289. doi:10.1016/j.jclepro.2011.12.036.

86. Mathur VN, Price ADF, Austin S. Conceptualizing stakeholder engagement in the context of sustainability and its assessment. *Constr Manag Econ.* 2008;26(6):601-609. doi:10.1080/01446190802061233.

87. Moodley K, Smith N, Preece CN. Stakeholder matrix for ethical relation-

ships in the construction industry. *Constr Manag Econ.* 2008;26(6):625-632. doi:10.1080/01446190801965368.

88. Kaplan RS, Norton DP. *The Balanced Scorecard: Translating Strategy into Action.* 1st ed.; 1996. http://www.amazon.com/The-Balanced-Scorecard-Translating-Strategy/dp/0875846513. Accessed August 19, 2014.

89. Lawson L, Kearns A. "Community Empowerment" in the Context of the Glasgow Housing Stock Transfer. *Urban Stud.* 2010;47(7):1459-1478. doi:10.1177/0042098009353619.

90. Larson S, Measham TG, Williams LJ. Remotely engaged? Towards a framework for monitoring the success of stakeholder engagement in remote regions. *J Environ Plan Manag.* 2010;53(7):827-845. doi:10.1080/09640568.2010.490050.

91. Mushove P, Vogel C. Heads or tails? Stakeholder analysis as a tool for conservation area management. *Glob Environ Chang.* 2005;15(3):184-198. doi:10.1016/j.gloenvcha.2004.12.008.

92. Oakley S. Public Consultation and Place-Marketing in the Revitalisation of the Port Adelaide Waterfront. *Urban Policy Res.* 2007;25(1):113-128. doi:10.1080/08111140701225594.

93. Prell C, Hubacek K, Reed M. Stakeholder Analysis and Social Network Analysis in Natural Resource Management. *Soc Nat Resour.* 2009;22(6):501-518. doi:10.1080/08941920802199202.

94. DE LOPEZ TT. Stakeholder Management for Conservation Projects: A Case Study of Ream National Park, Cambodia 1. *Environ Manage.* 2001;28(1):47-60. doi:10.1007/s002670010206.

95. Walker DHT, Bourne L, Rowlinson S. Stakeholders and the supply chain. 2007:70-100.

96. Kolk A. vba Sustainability reporting vba. 2005;(3):34-42.

97. Mota E, Costa D, Silva PC da. Sustainability reports based on XBRL through a service- oriented. *Int Conf Challenges Environ Sci Comput Eng.* 2014.

98. Ciliberti F, Pontrandolfo P, Scozzi B. Investigating corporate social responsibility in supply chains: a SME perspective. *J Clean Prod.* 2008;16(15):1579-1588. doi:10.1016/j.jclepro.2008.04.016.

99. Orlitzky M, Schmidt FL, Rynes SL. Corporate Social and Financial Performance : A Meta-analysis. 2003:403-441.

100. Petrovic-Lazarevic S. Good corporate citizenship in the Australian construction industry: Corporate Governance: The international journal of business in society: Vol 10, No 2. *Int J Bus Soc.* 2010;10. http://www.emeraldinsight.com/doi/abs/10.1108/14720701011035648. Accessed August 19, 2014.

101. Maxwell D, Sheate W, van der Vorst R. Functional and systems aspects of the sustainable product and service development approach for industry. *J Clean Prod.* 2006;14(17):1466-1479. doi:10.1016/j.jclepro.2006.01.028.

102. GRI. *Directrizes para a Elaboração de Relatórios de Sustentabilidade © 2000-2006.* Amsterdam; 2006.

103. CERES. CERES - Coalition for Environmentally Responsible Economies.

104. UNEP. UNEP - United Nations Environment Programme. http://www.unep.org/About/. Published 2014. Accessed March 15, 2014.

105. Taylor M. Community Participation in the Real World: Opportunities and Pitfalls in New Governance Spaces. *Urban Stud.* 2007;44(2):297-317. doi:10.1080/00420980601074987.

106. Friedman AL, Miles S. *Stakeholders: Theory and Practice.* OUP Oxford; 2006. http://www.amazon.com/Stakeholders-Practice-Andrew-L-

Friedman-ebook/dp/B005NKK5YS. Accessed August 19, 2014.

107. Freeman E, Reed D. Stockholders and Stakeholders : A New Perspective on Corporate Governance. *Calif Manage Rev*. 1986;25.

108. Bryson JM, Cunningham GL, Lokkesmoe KJ. What to Do When Stakeholders Matter: The Case of Problem Formulation for the African American Men Project of Hennepin County, Minnesota. *Public Adm Rev*. 2002;62(5):568-584. doi:10.1111/1540-6210.00238.

109. Freeman E, McVea J. A Stakeholder Approach to Strategic Management. *SSRN Electron J*. 2001. doi:10.2139/ssrn.263511.

110. Bryson JM. *Strategic Planning for Public and Nonprofit Organizations: A Guide to Strengthening and Sustaining Organizational Achievement*. Jossey-Bass; 1995. http://www.amazon.com/Strategic-Planning-Public-Nonprofit-Organizations-ebook/dp/B000TDZED6. Accessed August 19, 2014.

111. Bryson JM. Stakeholder Identification and Analysis Techniques. 2004.

112. Eden C, Ackermann F. Making Strategy: The Journey of Strategic Management. http://www.amazon.com/Making-Strategy-Journey-Strategic-Management/dp/076195225X. Published 1998. Accessed August 19, 2014.

113. Vaagaasar AL. Emergent Stakeholder Competence. December 2009:1-9. doi:10.1109/HICSS.2009.696.

114. Aaltonen K, Sivonen R. Response strategies to stakeholder pressures in global projects. *Int J Proj Manag*. 2009;27(2):131-141. doi:10.1016/j.ijproman.2008.09.007.

115. Karlsen JT, Gottschalk P, Andersen ES. Information technology management roles: a comparison of IT executives and IT project managers. In: *Proceedings of the 35th Annual Hawaii International Conference on*

System Sciences. Vol 8. IEEE Comput. Soc; 2002:8. doi:10.1109/HICSS.2002.994371.

116. Ackermann F, Eden C. Strategic Management of Stakeholders: Theory and Practice. *Long Range Plann*. 2011;44(3):179-196. doi:10.1016/j.lrp.2010.08.001.

117. Turner JR. *The Handbook of Project-Based Management: Improving the Processes for Achieving Strategic Objectives*.; 1993. http://books.google.com.br/books/about/The_Handbook_of_Project_based_Management.html?id=bEW1AAAAIAAJ&pgis=1. Accessed August 19, 2014.

118. Crane A, Livesey S. ARE YOU TALKING TO ME? STAKEHOLDER COMMUNICATION AND THE RISKS AND REWARDS OF DIALOGUE Andrew Crane. 2003:1-32.

119. King RC, Hartzel KS, Schilhavy RAM, Melone NP, McGuire TW. Social responsibility and stakeholder influence: Does technology matter during stakeholder deliberation with high-impact decisions? *Decis Support Syst*. 2010;48(4):536-547. doi:10.1016/j.dss.2009.11.004.

120. Salancik GR, Pfeffer J. The Bases and Use of Power in Organizational Decision Making: The Case of a University. http://connection.ebscohost.com/c/articles/3980534/bases-use-power-organizational-decision-making-case-university. Accessed August 19, 2014.

121. Suchman MC. MANAGING LEGITIMACY: STRATEGIC AND INSTITUTIONAL APPROACHES. *Acad Manag Rev*. 1995;20(3):571-610. doi:10.5465/AMR.1995.9508080331.

122. Markie P. Rationalism vs. Empiricism. http://plato.stanford.edu/entries/rationalism-empiricism/. Published August 19, 2004. Accessed August 19, 2014.

123. Murtaza G, Ikram N, Basit A. A framework for eliciting value proposition from stakeholders. *WSEAS Trans Comput*. 2010;9(6):557-572.

http://dl.acm.org/citation.cfm?id=1852437.1852439. Accessed February 6, 2014.

124. Banerjee SB. Corporate Social Responsibility: The Good, the Bad and the Ugly. *Crit Sociol.* 2012;34(1):51-79. doi:10.1177/0896920507084623.

125. Floricel S, Miller R. Strategizing for anticipated risks and turbulence in large-scale engineering projects. *Int J Proj Manag.* 2001;19(8):445-455. doi:10.1016/S0263-7863(01)00047-3.

126. Söderholm A. Project management of unexpected events. *Int J Proj Manag.* 2008;26(1):80-86. doi:10.1016/j.ijproman.2007.08.016.

127. Vos JFJ, Achterkamp MC. AN INSTRUMENT FOR STAKEHOLDER IDENTIFICATION : PHASING ROLES OF INVOLVEMENT. 2006.

128. Flyvbjerg B, Bruzelius N, Rothengatter W. Stakeholder identification in innovation projects: Stakeholder identification in innovation projects: : *Eur J Innov Manag.* 2003;9. http://www.emeraldinsight.com/doi/abs/10.1108/14601060610663550. Accessed August 19, 2014.

129. Achterkamp MC, Vos JFJ. Critically identifying stakeholders. *Syst Res Behav Sci.* 2007;24(1):3-14. doi:10.1002/sres.760.

130. McKenna A, Metcalfe M. The linguistic turn in project conceptualization. *Int J Proj Manag.* 2013;31(8):1154-1162. doi:10.1016/j.ijproman.2012.12.006.

131. Mendelow A. Environmental Scanning - the Impact of the Stakeholder Concept. *Proc Int Conf Inf Syst.* 1981;2.

132. Johnson G, Scholes K, Whittington R. *Exploring Corporate Strategy Text and Cases.* 7th ed. (Hall P, ed.). London: Prentice Hall; 2005.

133. Gershon N, Eick SG. Visualization's new tack: making sense of in-

formation. *IEEE Spectr.* 1995;32(11):38-40, 42, 44-47, 55-56. doi:10.1109/6.469330.

134. Gershon N, Eick SG, Card S. Information visualization. *IEEE Comput Graph Appl.* 1998;5(2):9-15. doi:10.1145/274430.274432.

135. Shneiderman B. The Eyes Have It : A Task by Data Type Taxonomy The Eyes Have It : A Task by Data Type Taxonomy for Information Visualizations. 1996.

136. Johnson B, Shneiderman B. Tree-maps: a space-filling approach to the visualization of hierarchical information structures. In: *Proceeding Visualization '91.* IEEE Comput. Soc. Press; 1991:284-291. doi:10.1109/VISUAL.1991.175815.

137. Böhm D, Schreiber J, Frozza R. DVenn – Um Software de Auxílio ao Aprendizado de Lógica nos Cursos de Graduação em Computação. In: *Computer on the Beach.* Universidade do Vale do Itajaí; 2012:21-30.

138. Loosemor M. Social network analysis: using a quantitative tool within an interpretative context to explore the management of construction crises. *Eng Constr Archit Manag.* 1998;5(4):315-326. http://www.emeraldinsight.com/doi/abs/10.1108/eb021085. Accessed August 19, 2014.

139. Durugbo C, Hutabarat W, Tiwari A, Alcock JR. Modelling collaboration using complex networks. *Inf Sci (Ny).* 2011;181(15):3143-3161. doi:10.1016/j.ins.2011.03.020.

140. Ware C. Visual Queries : The Foundation of Visual Thinking. 2005:27-35.

141. Meyer AD. Visual Data in Organizational Research. *Acad J.* 1991;2(2):p218. http://www.jstor.org/discover/10.2307/2635194?uid=2&uid=4&sid=21104607357343. Accessed August 19, 2014.

142. Beckman CM, Haunschild PR, Phillips DJ. Friends or Strangers? Firm-

-Specific Uncertainty, Market Uncertainty, and Network Partner Selection. *Organ Sci.* 2004;15(3):259-275. doi:10.1287/orsc.1040.0065.

143. Westphal JD, Boivie S, Ming Chng DH. The strategic impetus for social network ties: reconstituting broken ceo friendship ties. *Strateg Manag J.* 2006;27(5):425-445. doi:10.1002/smj.525.

144. Gulati R. TENT POLES, TRIBALISM, AND BOUNDARY SPANNING: THE RIGOR-RELEVANCE DEBATE IN MANAGEMENT RESEARCH. *Acad Manag J.* 2007;50(4):775-782. doi:10.5465/AMJ.2007.26279170.

145. Shipilov A V. Network Strategies and Performance of Canadian Investment Banks Network Strategies and Performance of Canadian Investment Banks. *Acad Manag J.* 2006;49(3):590-604.

146. Mizruchi MS. What Do Interlocks Do? An Analysis, Critique, and Assessment of Research on Interlocking Directorates. *Annu Rev Sociol.* 1996;22(1):271-298. doi:10.1146/annurev.soc.22.1.271.

147. Baker WE, Faulkner RR. American Sociological Review. *Am Sociol Rev.* 1993;58. http://www.jstor.org/discover/10.2307/2095954?uid=2&uid=4&sid=21104607357343. Accessed August 19, 2014.

148. Kenis P, Provan KG. TOWARDS AN EXOGENOUS THEORY OF PUBLIC NETWORK PERFORMANCE. *Public Adm.* 2009;87(3):440-456. doi:10.1111/j.1467-9299.2009.01775.x.

149. Reagans R, McEvily B. Network Structure and Knowledge Transfer: The Effects of Cohesion and Range. 2003;48(2):240-267.

150. Hansen MT. The Search-Transfer Problem: The Role of Weak Ties in Sharing Knowledge across Organization Subunits. *Adm Sci Q.* 1999;44(1):82-111. http://www.jstor.org/discover/10.2307/2667032?uid=2&uid=4&sid=21104607357343. Accessed August 19, 2014.

151. Sparrowe RT, Liden RC. Two Routes to Influence: Integrating Leader-Member Exchange and Social Network Perspectives. *Adm Sci Q*. 2005;50(4):505-535. doi:10.2189/asqu.50.4.505.

152. Zaheer A, Mcevily B, Perrone V, Barney JB. Does Trust Matter ? Exploring the Effects of Interorganizational and Interpersonal Trust on Performance. 1998;9(2):141-159.

153. Brass DJ, Galaskiewicz J, Greve HR, Wenpin T. TAKING STOCK OF NETWORKS AND ORGANIZATIONS : A MULTILEVEL PERSPECTIVE University of Kentucky University of Arizona Norwegian School of Management BI. 2004;47(6):795-817.

154. Wasserman S, Faust K. *Social Network Analysis Methods and Applications*. 1st ed. Cambridge University Press; 1994. http://www.cambridge.org/us/academic/subjects/sociology/sociology-general-interest/social-network-analysis-methods-and-applications. Accessed August 19, 2014.

155. Lerner J, Kenis P, Raaij D van, Brandes U. Will they stay or will they go? How network properties of WebICs predict dropout rates of valuable Wikipedians. *Eur Manag J*. 2011;29(5):404-413. doi:10.1016/j.emj.2011.02.003.

156. Gulati R, Westphal JD. Cooperative or Controlling ? The Effects of CEO-board Relations and the Content of Interlocks on the Formation of Joint Ventures. *Adm Sci Q*. 1999;44(3):473-506.

157. Donald MLMC, Westphal JD. GETTING THEM TO THINK OUTSIDE THE CIRCLE : CORPORATE GOVERNANCE , CEOS ' EXTERNAL ADVICE NETWORKS , AND FIRM PERFORMANCE. 2008;51(3):453-475.

158. Chinowsky PS, Diekmann J, O'Brien J. Project Organizations as Social Networks. *J Constr Eng Manag*. 2010;136(4):452-458. doi:10.1061/(ASCE)CO.1943-7862.0000161.

159. Cross R, Borgatti SP, Parker A. Making Invisible Work Visible: USING SOCIAL NETWORK ANALYSIS TO SUPPORT STRATEGIC COLLABORATION. *Calif Manage Rev.* 2002;44(2):25-47.

160. Cova B, Salle R. Six key points to merge project marketing into project management. *Int J Proj Manag.* 2005;23(5):354-359. doi:10.1016/j.ijproman.2005.01.006.

161. Lim SL, Finkelstein A. StakeRare: Using Social Networks and Collaborative Filtering for Large-Scale Requirements Elicitation. *IEEE Trans Softw Eng.* 2012;38(3):707-735. doi:10.1109/TSE.2011.36.

162. Goodman LA. Snowball Sampling. *Inst Math Stat.* 1961;32(1):148-170.

163. Scott J. *Social Network Analysis: A Handbook.* 2nd ed. SAGE Publications Ltd; 2000. http://www.amazon.com/Social-Network-Analysis-A-Handbook/dp/0761963391. Accessed August 20, 2014.

164. Salado A, Nilchiani R. Contextual- and Behavioral-Centric Stakeholder Identification. *Procedia Comput Sci.* 2013;16:908-917. doi:10.1016/j.procs.2013.01.095.

165. Korfiatis P, Zigh T, Blackburn M. Graphical CONOPS Development to Enhance Model Based Systems Engineering. 2012.

166. Bayer TJ, Bennett M, Delp CL, Dvorak D, Jenkins JS, Mandutianu S. Update – Concept of Operations for Integrated Model- Centric Engineering at JPL. 2011.

167. Hawe P, Webster C, Shiell A. A glossary of terms for navigating the field of social network analysis. *J Epidemiol Community Health.* 2004;58(12):971-975. doi:10.1136/jech.2003.014530.

168. Milward HB, Provan KG. Measuring Network Structure. *Public Adm.* 1998;76(2):387-407. doi:10.1111/1467-9299.00106.

169. Chauvet V, Chollet B, Soda G, Huault I. The contribution of network research to managerial culture and practice. *Eur Manag J.* 2011;29(5):321-334. doi:10.1016/j.emj.2011.06.005.

170. Hatala J, Lutta JG. Managing Information Sharing Within an Organizational Setting: A Social Network Perspective. 2009;21(4):5-33. doi:10.1002/piq.

171. Azevedo TB de, Rodriguez MVRY. SOFTWARES PARA ANÁLISE DE REDES SOCIAIS - ARS. *VI Congr Nac Excel EM GESTÃO Energia, Inovação, Tecnol e Complexidade para a Gestão Sustentável Niterói, RJ, Bras 5, 6 e 7 agosto 2010.* 2010.

172. EMIRBAYER M, GOODWIN J. Network analysis, culture and the problem of agency. *Am J Sociol.* 1994;99(6):1411-1454.

173. Marteleto. RM. Análise de redes sociais – aplicação nos estudos de transferência da informação. *Ciência da Informação.* 2001;30(1):71-81.

174. Ehrlich K, Carboni I. *Inside Social Network Analysis.* Boston; 2005.

175. Freeman LC. Centrality in Social Networks Conceptual Clarification. 1978;1(1968):215-239.

176. Hanneman RA, Riddle M. Introduction to Social Network Methods: Table of Contents. University of California. http://faculty.ucr.edu/~hanneman/nettext/. Published 2005. Accessed August 20, 2014.

177. Liu X, Guo Z, Lin Z, Ma J. A local social network approach for research management. *Decis Support Syst.* 2013;56:427-438. doi:10.1016/j.dss.2012.10.055.

178. Cyram. NetMiner. Cyram Co., Ltd. Seoul.

179. Goldberg D, Nichols D, Oki BM, Terry D. Using collaborative filtering to weave an information Tapestry . 1992;61(10):1-10.

180. Herlocker JL, Konstan JA, Borchers A, Riedl J. An algorithmic framework for performing collaborative filtering. In: *Proceedings of the 22nd Annual International ACM SIGIR Conference on Research and Development in Information Retrieval - SIGIR '99*. New York, New York, USA: ACM Press; 1999:230-237. doi:10.1145/312624.312682.

181. Bell RM, Koren Y. Scalable Collaborative Filtering with Jointly Derived Neighborhood Interpolation Weights. *Seventh IEEE Int Conf Data Min (ICDM 2007)*. October 2007:43-52. doi:10.1109/ICDM.2007.90.

182. Pryke S, Pearson S. Project governance: case studies on financial incentives. *Build Res Inf.* 2006;34(6):534-545. doi:10.1080/09613210600675933.

183. INCOSE. *Incose Systems Engineering Handbook Version 3.2.2*. Incose; 2012. http://www.amazon.com/Incose-Systems-Engineering-Handbook-Version/dp/1937076024. Accessed August 20, 2014.

184. Glinz M, Wieringa R. Guest Editors' Introduction: Stakeholders in Requirements Engineering. *IEEE Softw.* 2007;24(2):18-20. doi:10.1109/MS.2007.42.

185. Ballejos LC, Montagna JM. Method for stakeholder identification in interorganizational environments. *Requir Eng.* 2008;13(4):281-297. doi:10.1007/s00766-008-0069-1.

186. Pacheco C, Tovar E. Stakeholder identification as an issue in the improvement of software requirements quality. June 2007:370-380. http://dl.acm.org/citation.cfm?id=1768029.1768065. Accessed August 20, 2014.

187. Sharp H, Finkelstein A, Galal G. Stakeholder identification in the requirements engineering process. *Anthony Finkelstein Galal Galal Comput Sci Dep Univ Coll London, Gower Street, London WC1E 6BT, UK (a.finkelstein, g.galal)@cs.ucl.ac.uk.* 1999:387-391. doi:10.1109/DEXA.1999.795198.

188. Pressman R. *Software Engineering: A Practitioner's Approach:* 7th ed. (McGraw-Hill, ed.). Science/Engineering/Math; 2009. http://www.amazon.com/Software-Engineering-A-Practitioners-Approach/dp/0073375977. Accessed August 20, 2014.

189. Sommerville I, Sawyer P. *Requirements Engineering: A Good Practice Guide.* (1, ed.). Wiley; 1997. http://www.amazon.com/Requirements-Engineering-Good-Practice-Guide/dp/0471974447. Accessed August 20, 2014.

190. Kotonya G, Sommerville I. *Requirements Engineering: Processes and Techniques.* Wiley; 1998. http://www.amazon.com/Requirements-Engineering-Techniques-Gerald-Kotonya/dp/0471972088. Accessed August 20, 2014.

191. Raghu S. Harmonization of software engineering and system engineering standards. In: *Proceedings of Software Engineering Standards Symposium.* IEEE Comput. Soc. Press; 1995:262-267. doi:10.1109/SESS.1995.525973.

192. IEEE. 14th IEEE International Requirements Engineering Conference. https://files.ifi.uzh.ch/rerg/arvo/events/RE06/. Published 2006. Accessed August 20, 2014.

193. Cleland-Huang J, Mobasher B. Using data mining and recommender systems to scale up the requirements process. In: *Proceedings of the 2nd International Workshop on Ultra-Large-Scale Software-Intensive Systems - ULSSIS '08.* New York, New York, USA: ACM Press; 2008:3-6. doi:10.1145/1370700.1370702.

194. Woolridge R, McManus D, Hale J. Stakeholder Risk Assessment: An Outcome-Based Approach. *IEEE Softw.* 2007;24(2):36-45. doi:10.1109/MS.2007.54.

195. SEI. *CMMI for Development (CMMI-DEV, V1.2).* Pittsburgh, PA, USA.: Software Engineering Institute; 2006.

196. Pacheco C, Garcia I. A systematic literature review of stakeholder identification methods in requirements elicitation. *J Syst Softw.* 2012;85(9):2171-2181. doi:10.1016/j.jss.2012.04.075.

197. IEEE. IEEE Recommended Practice for Software Requirements SpeciÞcations. *Softw Eng Stand Comm IEEE Comput Soc.* 1998.

198. Wiegers K, Beatty J. *Software Requirements (3rd Edition) (Developer Best Practices).* (3, ed.). Microsoft Press; 2013. http://www.amazon.com/Software-Requirements-Edition-Developer-Practices/dp/0735679665. Accessed August 20, 2014.

199. Hofmann HF, Motors G. Requirements Engineering as a Success Factor in Software Projects. 2001;(August).

200. Linscomb D. Requirements Engineering Maturity in the CMMI. *J Def Softw Eng.* 2003:25-28. http://www.crosstalkonline.org/storage/issue--archives/2003/200312/200312-Linscomb.pdf.

201. IEEE. Guide to the Software Engineering Body of Knowledge. IEEE. http://www.computer.org/portal/web/swebok. Published 2004. Accessed August 20, 2014.

202. Nuseibeh B, Easterbrook S. Requirements Engineering : A Roadmap. *Proc ACM Conf Futur Softw Eng.* 2000:35-46.

203. Lehtola L, Kujala S. Requirements prioritization challenges in practice. *Conf Prod Focus Softw Process Improv.* 2004;5. http://citeseerx.ist.psu.edu/viewdoc/summary?doi=10.1.1.93.3693. Accessed August 20, 2014.

204. ISO. *INTERNATIONAL STANDARD ISO / IEC - Systems and Software Engineering — Software Life Cycle Processes.* Vol 8. Geneva, Switzerland: International Organization for Standardization; 2008.

205. Sommerville I. *Software Engineering (9th Edition).* 9th ed. Addison--Wesley; 2010. http://www.amazon.com/Software-Engineering-9th-

-Edition-Sommerville/dp/0137035152. Accessed August 20, 2014.

206. A. M. Davis. Operational prototyping: a new development approach. *IEEE Softw.* 1992;9(5):70-78.

207. Potts C. Metaphors of intent. In: *Proceedings Fifth IEEE International Symposium on Requirements Engineering.* IEEE Comput. Soc; 2001:31-38. doi:10.1109/ISRE.2001.948541.

208. Leffingwell D, Widrig D. *Managing Software Requirements: A Unified Approach.* (Addison-Wesley, ed.). Boston, MA: Longman Publishing Co; 1999. http://www.amazon.com/Managing-Software-Requirements--Addison-Wesley-Technology/dp/0201615932. Accessed August 20, 2014.

209. Cockburn A. *Writing Effective Use Cases.* 1st ed. (Addison-Wesley, Professional, eds.). Addison-Wesley Professional,; 2000. http://www.amazon.com/Writing-Effective-Cases-Alistair-Cockburn/dp/0201702258. Accessed August 20, 2014.

210. Maiden NAM. CREWS-SAVRE : Scenarios for Acquiring and Validating. *Autom Softw Eng.* 1998;5(4):1-31.

211. Yu ESK. Towards modelling and reasoning support for early-phase requirements engineering. In: *Proceedings of ISRE '97: 3rd IEEE International Symposium on Requirements Engineering.* IEEE Comput. Soc. Press; 1997:226-235. doi:10.1109/ISRE.1997.566873.

212. Zave P. Classification of Research Efforts in Requirements Engineering. 1997;29(4).

213. Vries H de, Verheul H, Willemse H. STAKEHOLDER IDENTIFICATION IN IT STANDARDIZATION. *Stand Mak A Crit Res Front Inf Syst MISQ Spec Issue Work.* 2003:92-107.

214. Macaulay LA. *Requirements Engineering (Applied Computing).* 1st ed.

Springer; 1996. http://www.amazon.com/Requirements-Engineering--Applied-Computing-Macaulay/dp/3540760067. Accessed August 20, 2014.

215. Zowghi D, Paryani S. Teaching requirements engineering through role playing: lessons learnt. In: *Journal of Lightwave Technology*. IEEE Comput. Soc; 2003:233-241. doi:10.1109/ICRE.2003.1232754.

216. Laurent P, Cleland-Huang J, Duan C. Towards Automated Requirements Triage. *Requiremetns Eng.* 2000;14(2):131-140. doi:10.1109/RE.2007.63.

217. Karlsson J. A Cost–Value Approach for Prioritizing Requirements. 1997.

218. Karlsson J, Wohlin C, Regnell B. An evaluation of methods for prioritizing software requirements. *Inf Softw Technol.* 1997;39(14):939-947.

219. Nelson K. Exploring Emotions during ERP Adoption: A Stakeholder Analysis. In: *Proceedings of the 38th Annual Hawaii International Conference on System Sciences.* Vol 8. IEEE; 2005:226c - 226c. doi:10.1109/HICSS.2005.260.

220. Lundberg CC, Young CA. A note on emotions and consultancy. *J Organ Chang Manag.* 1988;14(6):530-538. http://www.emeraldinsight.com/doi/abs/10.1108/EUM0000000006141. Accessed August 20, 2014.

221. Charette RN. Why software fails [software failure. *IEEE Spectr.* 2005;42(9):42-49. doi:10.1109/MSPEC.2005.1502528.

222. O'Connor M, Spangenberg JH. A methodology for CSR reporting: assuring a representative diversity of indicators across stakeholders, scales, sites and performance issues. *J Clean Prod.* 2008;16(13):1399-1415. doi:10.1016/j.jclepro.2007.08.005.

223. Kolltveit BJ, Karlsen JT, Grønhaug K. Perspectives on project management. *Int J Proj Manag.* 2007;25(1):3-9. doi:10.1016/j.ijproman.2005.12.002.

224. Ward S, Chapman C. Stakeholders and uncertainty management in projects. *Constr Manag Econ*. 2008;26(6):563-577. doi:10.1080/01446190801998708.

225. Caffyn S, Bessant J. A capability-based model for continuous improvement. *3º Int Conf EUROMA*. 1996:6.

226. Rocha T, Goldschmidt A. *Gestão Dos Stakeholders - Como Gerenciar O Relacionamento E a Comunicação Entre a Empresa E Seus Públicos de Interesse*. 1st ed. (Saraiva, ed.). Sao Paulo: Saraiva; 2010.

227. Gallupe RB, Bastianutti LM, Cooper WH. Unblocking brainstorms. *J Appl Psychol*. 1991;76(1):137-142. http://www.ncbi.nlm.nih.gov/pubmed/2016214. Accessed August 19, 2014.

228. Krebs V, Ricchiuto J, Holley J. Net weaving.

229. Axelsson K, Melin U, Lindgren I. Public e-services for agency efficiency and citizen benefit — Findings from a stakeholder centered analysis. *Gov Inf Q*. 2013;30(1):10-22. doi:10.1016/j.giq.2012.08.002.

230. Partridge K, Jackson C, Wheeler D, Zohar A. *The Stakeholder Engagement Manual*. Vol 1. First Edit. Ontario; 2005.

231. Accountability. Accountability. Accountability. http://www.accountability.org/. Published 2014.

232. Johnson JD. *Gestão de Redes de Conhecimento*. São Paulo: SENAC; 2011.

233. Finkelstein A. StakeRare: Using Social Networks and Collaborative Filtering for Large-Scale Requirements Elicitation. *IEEE Trans Softw Eng*. 2012;38(3):707-735. doi:10.1109/TSE.2011.36.

234. ECMA. ECMA-262. ECMA. http://www.ecma-international.org/publications/standards/Ecma-262.htm. Published 2011. Accessed December 9, 2014.

235. JQuery. https://jquery.com/.

236. Bernstein M. Profile John Resig. *XRDS Crossroads, ACM Mag Students*. 2010;17(1):44. doi:10.1145/1836543.1836557.

237. Bostock M, Ogievetsky V, Heer J. D 3 : Data-Driven Documents. 2011;(March).

238. W3C. SVG. W3C. http://www.w3.org/TR/SVG/. Published 2011. Accessed December 9, 2014.

239. W3C. HTML5. W3C. http://www.w3.org/TR/html5/. Published 2014. Accessed December 9, 2014.

240. W3C. CSS3. W3C. http://www.w3.org/TR/2014/NOTE-css3-hyperlinks-20141014/. Published 2014. Accessed December 9, 2014.

241. JSON-RPC. JSON 2.0. JSON-RPC. http://www.jsonrpc.org/specification. Published 2013. Accessed December 9, 2014.

242. Gomes CP. Computational Sustainability. 1987.

Impressão e acabamento
Gráfica da Editora Ciência Moderna Ltda.
Tel: (21) 2201-6662